Katharina Nachbar

Baby-Accessoires nähen

für zuhause und unterwegs

Greiflinge, Rassel, Fühltuch und Co.

HALLO,

ich freue mich sehr, dass du dieses Buch in deinen Händen hältst.

In meinem Buch „Baby-Accessoires nähen für zuhause und unterwegs" möchte ich dir zeigen, wie du praktische und zugleich liebevoll gestaltete Dinge für (d)einen kleinen Neuankömmling nähen kannst. Die ausführlichen Anleitungen sind mit vielen Schritt-für-Schritt Fotos bebildert, daher eignet sich das Buch auch (oder ganz besonders) für Nähanfänger.

Bei der Modellauswahl habe ich überlegt, welche Dinge man in den ersten Babyjahren gut gebrauchen kann und dir eine kleine Kollektion erstellt. Ob Windeltasche, Spucktuch, Bettumrandung oder Spieluhr – alles, was Babys (und die Großen) so brauchen, ist dabei!

Seit 2016 nähe ich, mit viel Liebe, nachhaltige Baby- und Kinderkleidung unter dem Label „Fräulein Nachbar". Die Farben der Natur, mein Sohn und der Zauber der Kindheit sind dabei meine größten Inspirationsquellen.

Ich freue mich sehr, dich auf eine kreative und farbenfrohe Näh-Reise mitnehmen zu dürfen und wünsche dir von Herzen viel Freude mit diesem Buch.

Herzlichst Katharina Nachbar

DANKE!

Ich möchte mich recht herzlich bei den beiden Stoffsponsoren „Westfalenstoffe" und „Lillestoff" für die qualitativ hochwertigen und nachhaltig produzierten Stoffe bedanken, welche ich für mein Buch verarbeiten durfte. Es war mir eine große Freude, meine Modelle aus den schönen Stoffen zaubern zu können. Außerdem möchte ich mich sehr herzlich bei Caroline von „joringl" bedanken, die mir ebenfalls ihre so liebevoll designten Stoffe, sowie die Wandbilder, die meinem Buch einen ganz besonderen Charme verleihen, zur Verfügung gestellt hat. Des Weiteren danke ich dem tollen Online-Shop „Lavendels" – die wunderschönen Leinenstoffe runden viele meiner Modelle ab.

Ohne all diese Unterstützung gäbe es dieses Buch nicht. Ein großes DANKE auch an meine Familie für die Inspirationen für dieses Buch!

INHALT

WAS DU WISSEN SOLLTEST ...

Grundausstattung

Ich bin ein großer Freund von „weniger ist mehr" – daher zeige ich dir mein weniges Nähzubehör, mit welchem ich sehr gut zurechtkomme um meine Nähprojekte zu realisieren.

- Stoffschere
- passendes Nähgarn
- mittelgroßes Geodreieck
- Holzpinsel zum Ausformen der Ecken
- Trickmarker (selbstlöschend)
- Holzklammern oder Stecknadeln
- Handnähnadel

Und, nicht zu vergessen:

- Nähmaschine
- Bügelbrett & Bügeleisen
- Schnittmusterpapier/folie & Stift

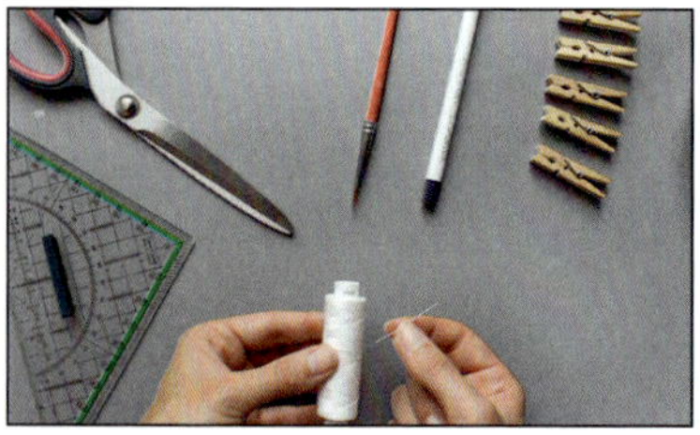

Stoffauswahl und Zubehör

Das Angebot der Stoffe und des Nähzubehörs im Fachhandel ist riesig. Ich achte bei der Auswahl der Stoffe insbesondere darauf, dass diese mindestens Öko-Tex Standard 100 (Zertifikat Klasse 1: Artikel für Babys und Kleinkinder bis 3 Jahre) zertifiziert und bestenfalls GOTS zertifiziert sind, da GOTS zertifizierte Stoffe schadstofffrei sind. Bei der Herstellung von Kinderspielsachen und Accessoires vernähe ich mit einem guten Gefühl schadstofffreie und geprüfte Materialien, da diese dann unbedenklich in kleine Kindermünder und Händchen gelangen können. Bei einigen Herstellern gibt es diese Materialien (Knisterfolie, Rasseleinsätze, Quietscher, Bänder, und Co.), die dann nach der Spielzeugnorm DIN EN 71-3 geprüft sind.

Sicherheitshinweis!

Vor jedem Gebrauch sollte das Spielzeug immer auf Sicherheit überprüft werden! Da die Kleinen oftmals gerne an Teilen ziehen, knabbern oder reißen, könnte sich doch einmal etwas lösen. Deshalb ist es ganz wichtig, beim Nähen darauf zu achten, dass wirklich alles festsitzt. Prüfe ggf. auch, ob die Wendeöffnung sicher verschlossen ist. Behalte das Kind beim Spielen immer im Auge und lasse es nicht unbeaufsichtigt, damit es nicht aus Versehen Kleinteile verschluckt!

Nahtzugabe

Bezeichnet den Abstand von der Schnittkante zur Nahtlinie. Eine Nahtzugabe von 0,75 cm Nahtzugabe ist bei allen Schnittteilen und Maßen in diesem Buch bereits enthalten und muss nicht mehr von dir hinzugegeben werden.

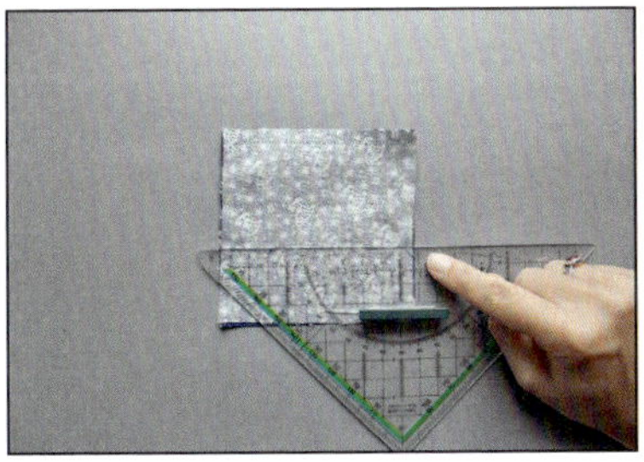

Nähmaschinennadel

Nimm für Baumwoll-Webware eine Universal-Nadel in passender Stärke. Für gestrickte oder gewirkte Maschenware, wie z. B. Jerseystoff, verwende eine spezielle Jersey-Nadel. Diese verfügt über eine sogenannte Ballpoint-Spitze, die sauber zwischen die Maschen gleitet und so Beschädigungen vermeidet.

Rechte Stoffseite

Die rechte Stoffseite ist sozusagen die „schöne" Stoffseite, also die Schauseite. Das ist die Seite, welche bei deinen fertigen Nähprojekten nach außen zeigt.

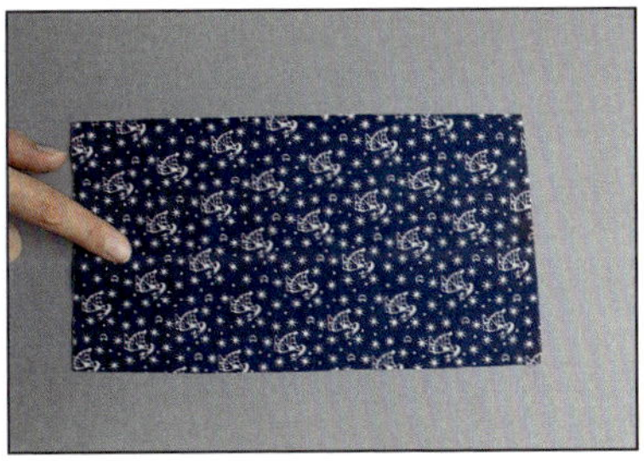

Linke Stoffseite

Die linke Stoffseite ist demnach die „nicht so schöne" Stoffseite, und zeigt bei deinen fertigen Nähprojekten nach innen.

Rechts auf rechts

Bedeutet, zwei Teile mit den Schauseiten aufeinanderzulegen. Die unschönen Stoffseiten zeigen nach oben und unten.

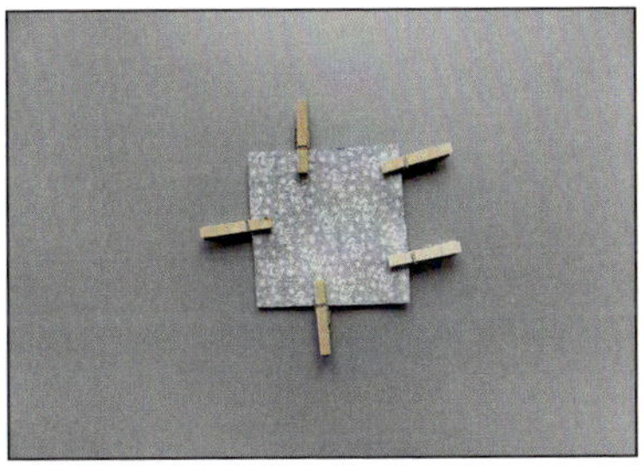

Links auf links

Die unschönen Stoffseiten zeigen zueinander und die schönen Stoffseiten zeigen nach oben und unten.

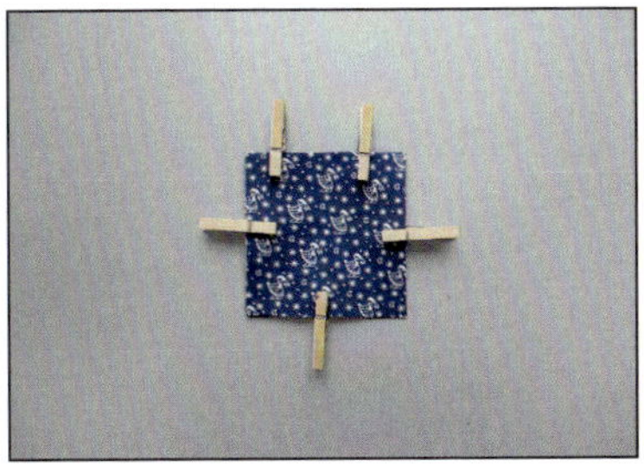

Füßchenbreit

Alle Modelle in diesem Buch werden füßchenbreit zusammengenäht. Damit ist der Abstand von der rechten Kante des Nähfüßchens bis zur Nadel gemeint. Bei meinem Nähfüßchen sind das 0,75 cm und entspricht damit praktischerweise genau der Nahtzugabenbreite. Beim Nähen läuft die Stoffkante dann einfach parallel zur Nähfußkante.

Fadenlauf

Der Fadenlauf ist die Richtung, in die der Stoff gewirkt oder gewebt wurde. Er verläuft immer parallel zur Stoff- bzw. Webkante. Maschenware, wie z. B. Jersey, besteht aus ineinandergreifenden Schlingen, den Maschenstäbchen. Die senkrechten Reihen aus Maschenstäbchen entsprechen dem Fadenlauf. Beim Zuschneiden werden die Schnittteile immer so aufgelegt, dass der Fadenlauf parallel zu Stoffkante liegt.

Stoffbruch

Wird der Stoff Webkante auf Webkante zusammengelegt, ergibt sich eine Faltkante, die als Stoffbruch bezeichnet wird. Manche Teile werden *im Stoffbruch* zugeschnitten. Das Schnittteil wird, mit der markierten Bruchkante, auf den gefalteten Stoff genau auf den Falz (Stoffbruch) gelegt. Nach dem Zuschneiden das Teil auffalten.

Verriegeln

Am Anfang und am Ende jeder Naht muss verriegelt werden. Nähe dafür am Nahtanfang drei Stiche vorwärts, dann drei Stiche rückwärts, und setze die Naht dann vorwärts fort. Nähe am Nahtende drei Stiche rückwärts und nochmals drei Stiche vorwärts. So ist sichergestellt, dass die Naht nicht aufgeht.

Versäubern

Versäubere die Nahtzugabe, falls notwendig, mit Zickzackstichen. So wird bei Webware das Ausfransen der Stoffkante verhindert. Du kannst aber auch einen anderen geeigneten Stich aus dem Programm deiner Nähmaschine dafür wählen. Strick- oder Wirkware, wie zum Beispiel Jersey, muss nicht unbedingt versäubert werden, da dieser nicht ausfranst. Falls du eine Overlock-Maschine hast, kannst du dir, durch den passenden Stich, diesen Schritt sparen!

Nahtzugabe beschneiden

Schneide bei Rundungen oder Vertiefungen die Nahtzugabe mehrmals in kleinen Abständen bis ca. 1 mm vor die Naht ein. Schneide die Nahtzugabe an Ecken, falls notwendig, schräg ab. So lassen sich nach dem Wenden die Ecken schön ausformen.

Wendeöffnung

Diese ist für das Herumdrehen der Teile von links auf rechts notwendig. Achte immer darauf, dass die Wendeöffnung nicht zu klein ausfällt. Verriegle die Nahtenden an der Wendeöffnung stets gut 1! Bügel dann die Nahtzugabe der Wendeöffnung zuerst nach innen und lege die Bruchkanten bündig gegeneinander. Schließe die Öffnung entweder per Hand oder steppe die Bruchkanten mit der Nähmaschine knappkantig zusammen 2.

1

2

Wendeöffnung per Hand schließen

Ich nenne diese Naht „Zaubernaht", da sie nach dem Nähen nicht mehr sichtbar ist. Offiziell heißt sie „Leiterstich" oder „Matratzenstich".

Nähe mit festem Garn oder doppeltem Faden. Steche mit der Nadel von unten nach oben in die bereits vorhandene Naht und nähe, von da beginnend, die Öffnung zu 1.

Schiebe die Nadel für etwa 2 mm in die Stoffkante ein und gehe von dieser abgehend gerade nach unten. Steche auch hier für etwa 2 mm in die Stoffkante ein und gehe von dieser dann wieder nach oben.

Verfahre so entlang der gesamten Öffnung. Wenn man die Stiche nun ein bisschen lockert, lässt sich gut erkennen, dass es ähnlich wie bei einer Leiter aussieht. Man näht sozusagen Sprosse für Sprosse 2.

Ziehe nun behutsam am Nähfaden, sodass sich die Kante dicht schließt. Streiche die Naht sauber flach und vernähe den Faden 3.

Knappkantig absteppen

Meint, eine Naht 1–3 mm neben einer Kante setzen, dabei an Markierungen auf dem Nähfüßchen orientieren 4.

1

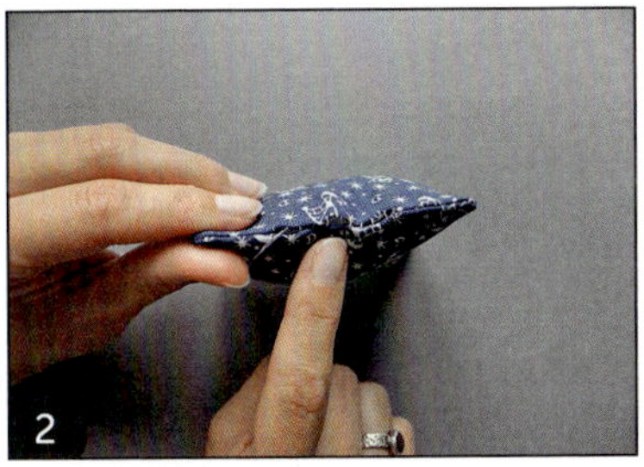

2

3

4

KRABBELDECKE

Größe: 80 x 80 cm

Diese niedliche Patchwork-Decke kann wunderbar als gemütliche Wohlfühl-Unterlage oder kleine Krabbeldecke genutzt werden.

Material

- Baumwolle mit Bergelfen, 45 x 45 cm
- Baumwolle in Rot mit Streifen, 150 x 25 cm
- Baumwolle in Gelb, 85 x 25 cm
- Baumwolle in Gelb mit Punkten, 150 x 45 cm
- Baumwolle in Blau, 85 x 25 cm
- Baumwolle in Blau mit Punkten, 150 x 45 cm
- Baumwoll-Vlies kbA, 250 g, 80 x 80 cm

Zuschneiden

Baumwolle mit Bergelfen

- 2x 20 x 20 cm

Baumwolle in Rot mit Streifen

- 4x 20 x 10 cm (1)
- 4x 74 x 5 cm (5)

Baumwolle in Gelb

- 2x 37 x 10 cm (2)
- 2x 81 x 5 cm (6)

Baumwolle in Gelb mit Punkten

- 2x 37 x 20 cm (3)
- 2x 74 x 20 cm (4)

Baumwolle in Blau

- 2x 37 x 10 cm (2)
- 2x 81 x 5 cm (6)

Baumwolle in Blau mit Punkten

- 2x 37 x 20 cm (3)
- 2x 74 x 20 cm (4)

Nähen

1 Ausgangspunkt der Vorderseite ist ein Stück Motivstoff.

2 Lege darauf, jeweils rechts auf rechts an der oberen und unteren Kante, die beiden Patchwork-Stücke (1) in Rot mit Streifen auf und stecke diese gut fest.

3 Nähe sie mit Geradstich füßchenbreit fest. Bügle anschließend die Nahtzugabe auseinander.

4 Weiter geht es mit den seitlichen Teilen. Lege hierfür jeweils an den Seiten, rechts auf rechts, die Patchwork-Stücke (2) in Gelb auf und stecke diese ebenfalls gut fest.

5 Achte beim Stecken darauf, dass die jeweils zuvor auseinandergebügelten Nahtzugaben auseinander bleiben und nicht beim Nähen verrutschen. Nähe die Teile an.

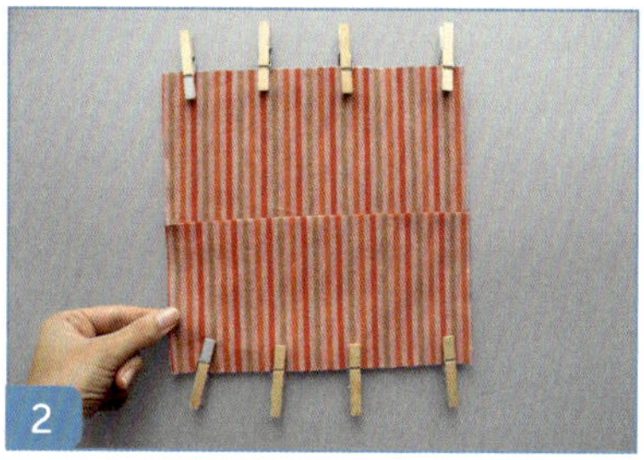

6 Bügle wieder die Nahtzugaben auseinander. So sieht die Fläche mit den ersten Randstreifen nun aus.

7 Verfahre so mit den Zuschnitten in Gelb mit Punkten (3) + (4) für die zweiten Randstreifen und zwei Streifen (5) in Rot mit Streifen und (6) in Gelb für die dritten Randstreifen. Immer zuerst die Stoffstücke an die obere und untere Kante, dann an die seitlichen Kanten nähen.

8 Nähe die Rückseite mit den verbliebenden Teilen analog zur Vorderseite.

9 So sollten nun die beiden Deckenteile aussehen.

10 Lege die Vorderseite, mit der linken Seite nach unten zeigend, mittig auf das Volumenvlies. Streiche die Vorderseite – immer von der Mitte zum Rand hin – gut glatt und stecke sie mit (vielen!) Stecknadeln fest. Nähe einmal füßchenbreit mit einem einfachen Geradstich ringsherum. Schneide überstehendes Volumenvlies bündig zur Vorderseite zurück.

11 Nun lege die Unterseite rechts auf rechts obenauf und nähe sie mit 1 cm Nahtzugabe fest – so ist die zuvor genähte Naht nach dem Wenden nicht sichtbar –, lasse eine großzügige Wendeöffnung von 20 cm.

12 Wende die Decke von links auf rechts und forme die Ecken schön aus. Bügle die Decke in Form.

13 Lege die Nahtzugabe der Wendeöffnung nach innen und schließe die Wendeöffnung von Hand (siehe Seite 11).

GIRAFFE

Größe: 10 x 35 cm (Breite x Höhe) • **Schnittteile:** Bogen A

Der Giraffengreifling ist ein schönes Geschenk zur Geburt eines kleinen Erdenbürgers und kann ein treuer Wegbegleiter in den ersten Lebensjahren werden. Die Ohren und das Schwänzchen laden zum Fühlen und Erkunden ein und im Bauch ist eine Rassel versteckt, die für Neugierde sorgt. Der lange Giraffenhals passt perfekt in kleine Kinderhände.

Material

- Babycord in Grün mit Pünktchen, 25 x 40 cm
- Babycord in Grün, 20 x 40 cm
- Baumwolle in Blau mit Streifen, 12 x 8 cm
- Baumwolle in Blau, 6 x 6 cm
- Kordel in Hellblau, 7 mm Ø, 20 cm
- Bastelwatte, 30 g, geprüft nach DIN EN 71-3
- aufbügelbare Gewebeeinlage aus Baumwolle, 3 x 3 cm
- Rasseleinsatz, geprüft nach DIN EN 71-3
- dickes Nähgarn in Schwarz

Zuschneiden

Babycord in Grün

- 1x Körper

Babycord in Grün mit Pünktchen

- 1x Körper, seitengespiegelt
- 2x Ohr

Baumwolle in Blau mit Streifen

- 2x Ohr

Baumwolle in Blau

- 1x Schnute

Schnittteile

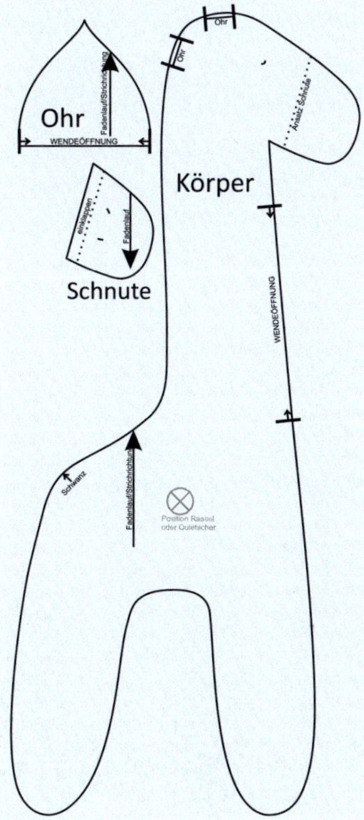

Nähen

1 Beginne mit der Vorderseite der Giraffe. Falte an der Schnute die gerade Kante 5 mm breit nach links um und bügle die Bruchkante. Positioniere die Schnute passend auf dem Giraffenteil und nähe die umgebügelte Kante knappkantig fest.

2 Bügle, zur Verstärkung der Stickfläche, die Gewebeeinlage auf die linke Stoffseite.

3 Sticke mit dem dicken Nähgarn in Schwarz von Hand das Auge sowie die Nasenlöcher auf.

4 Lege je ein Ohr in Grün mit Pünktchen und eines in Blau mit Streifen rechts auf rechts und stecke sie zusammen. Nähe die gerundeten Kanten, lasse die untere Kante als Wendeöffnung offen.

5 Beschneide die Nahtzugabe (siehe Seite 10), wende die Ohren und forme die Spitzen schön aus.

6 Falte die seitlichen Ohrkanten zur Mitte hin.

1

4

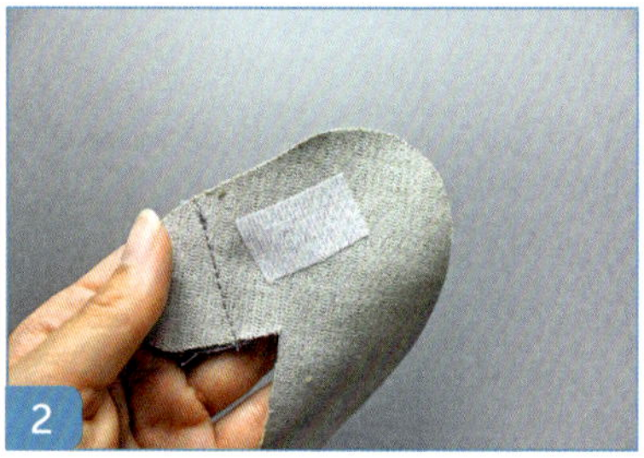
2

5

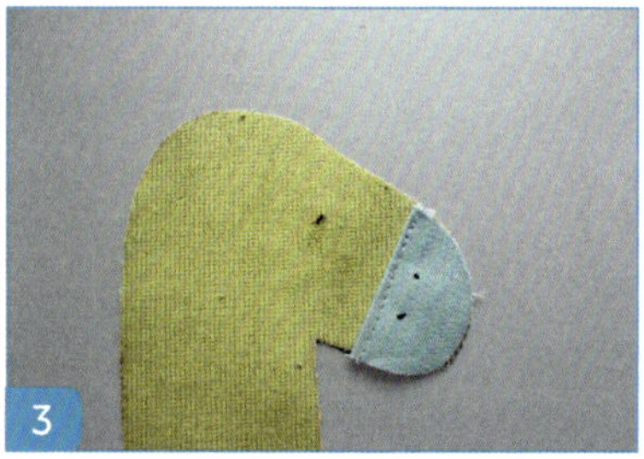
3

6

7 Lege die Ohren laut Schnittposition mit der eingefalteten Ohr-Seite auf die rechte Seite des Giraffenteils und lasse sie an der Schnittkante etwa 0,75 cm überstehen – so ist sichergestellt, dass die Ohren fest in der Naht sitzen und später bei Belastung, zum Beispiel durch Ziehen am Ohr, nicht ausreißen.

8 Nähe die Ohren auf der Nahtlinie fest. Nähe zur Sicherheit zweimal darüber.

9 Lege für den Schwanz die Kordel als Schlaufe an der Schnittposition auf und lasse hier 5 cm überstehen, damit auch hier bei späterer Belastung nichts rausreißen kann.

10 Nähe die Kordel, wie bei Schritt 8 beschrieben, fest.

11 Lege die Giraffen-Rückseite rechts auf rechts auf die Vorderseite und stecke die Lagen gut zusammen.

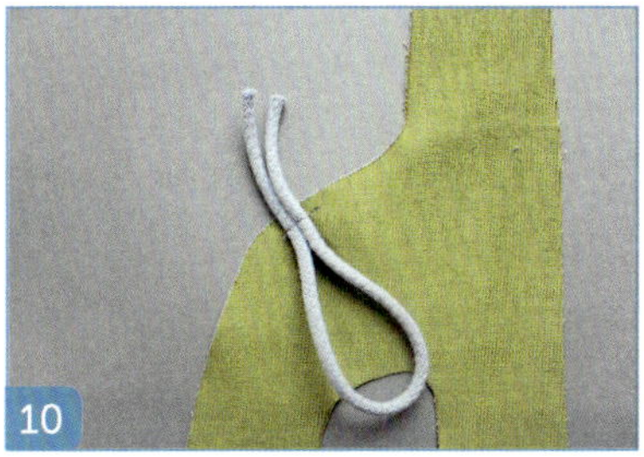

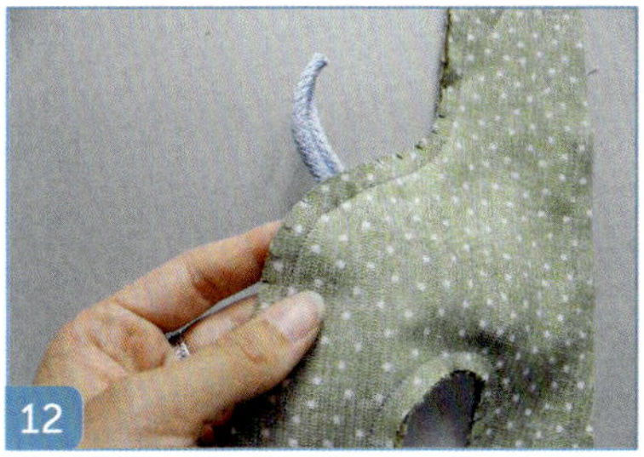

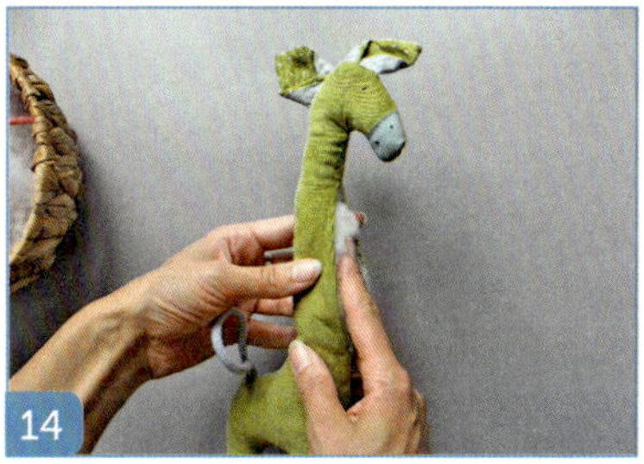

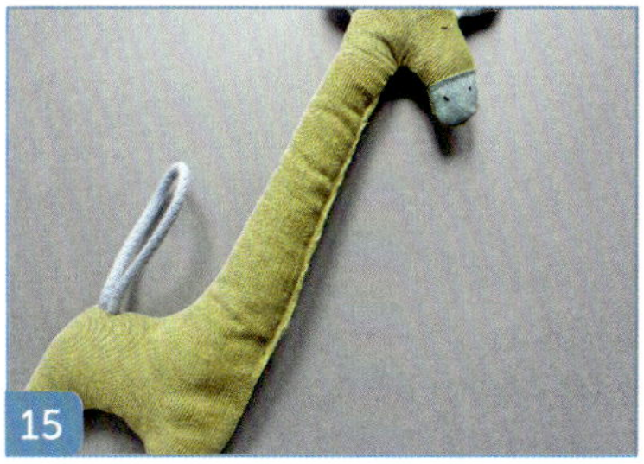

12 Nähe mit einem einfachen Geradstich füßchenbreit – bis auf die Wendeöffnung – einmal ringsherum. Knipse die Nahtzugabe ein, damit die Giraffe schön rund wird und keine unschönen Kanten bekommt.

13 Wende die Giraffe von links auf rechts. Beim Wenden vom Kopf durch den dünnen Giraffenhals bietet es sich an, den Kopf vorher einmal einzuklappen und behutsam nacheinander an den Ohrspitzen zu ziehen. Nimm zum Ausformen der Rundungen optional einen Stift oder den Pinselstiel zu Hilfe.

14 Fülle die Giraffe mit der Bastelwatte. Auch hier kann ein Stift oder Pinselstiel zu Hilfe genommen werden, um die Bastelwatte schön in alle Rundungen zu bekommen. Lege auch die Rassel ein und positioniere sie mittig im Giraffenbauch.

15 Forme den Giraffenhals schön aus und schließe die Wendeöffnung zuerst per Hand mit der Zaubernaht (siehe Seite 11). Steppe danach nochmals mit der Nähmaschine knappkantig entlang der Wendeöffnung mit einem einfachen Geradstich.

WIMPELKETTE

Größe: Wimpel 9 x 9 cm (Breite x Höhe) • **Schnittteil:** Bogen B

Die Wimpelkette mit Glöckchen ist ein schönes Accessoire fürs Kinderzimmer und bringt Kinderaugen zum Leuchten.

Material

- Baumwollstoff in Rot mit bunten Streifen, 50 x 12 cm
- Babycord in Grün mit Pünktchen, 25 x 12 cm
- Breitcord in Petrol, 100 x 12 cm
- Schrägband in Gelb, 2/4 cm breit, 185 cm
- Kordel in Weiß, 7 mm Ø, 70 cm
- 4 Schellen, 11 mm Ø
- 3 Schellen, 15 mm Ø

Zuschneiden

Baumwolle in Rot mit bunten Streifen
- 4x Wimpel

Babycord in Grün mit Pünktchen
- 2x Wimpel

Breitcord in Petrol
- 8x Wimpel

Kordel
- 7x 10 cm

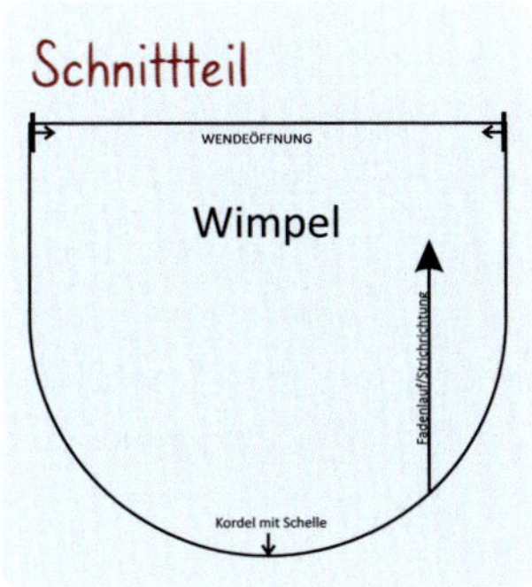

Nähen

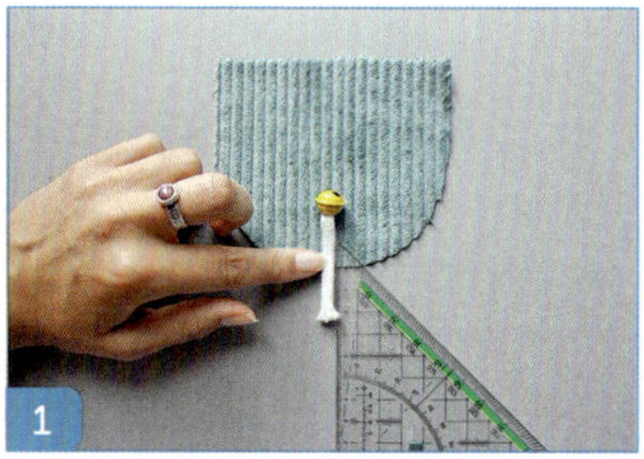

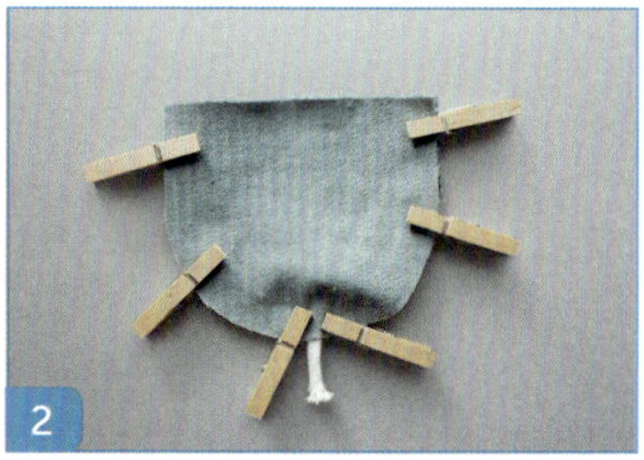

1 Falte ein Kordel-Stück in der Mitte und fädle eine Schelle auf. Positioniere die Kordel mittig auf einem Wimpelteil und lasse dabei die Kordelenden 2 cm überstehen.

2 Lege ein gleichfarbiges Wimpelteil rechts auf rechts und stecke alles gut fest.

3 Nähe mit Geradstich einmal füßchenbreit um die Rundung. Schneide kleine Knipse an der Rundung ein, damit sich die Nahtzugabe nach dem Wenden schön legt.

4 Wende das Wimpelchen von links auf rechts und bügle es schön in Form.

5 Steppe anschließend einmal knappkantig die Rundung ab.

6 Verfahre ebenso mit den restlichen Wimpel-Teilen.

7 Klappe das Schrägband einmal in der Längsmitte, sodass Kante auf Kante liegt und bügle die Bruchkante. Falte es danach noch einmal auf.

8 Falte die kurzen Kanten des Schrägbandes je 2 cm breit um.

9 Schneide die seitlichen Kanten des Umschlags schräg ab.

10 Falte das Schrägband dann wieder kantenbündig aufeinander und stecke die Außenkanten fest.

11 Positioniere das erste Wimpelchen bei 40 cm und schiebe die weiteren Wimpel jeweils im Abstand von 6 cm in das Schrägband ein und stecke alles gut fest. Nähe die Schrägbandkanten knappkantig zusammen und fasse dabei die Wimpel mit ein.

12 Knote an beiden Bandenden bei ca. 30 cm eine Schlaufe für die Aufhängung.

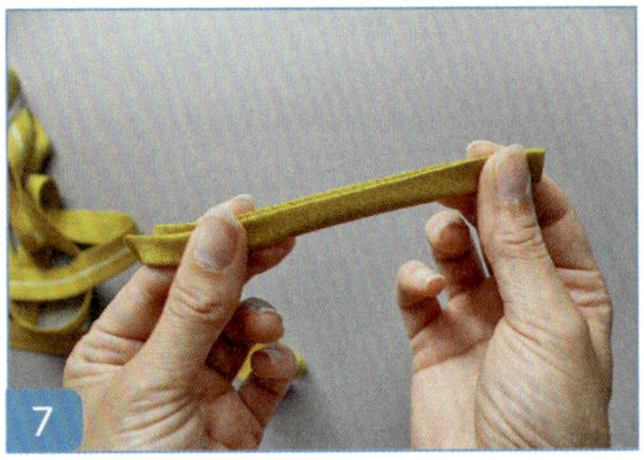
7

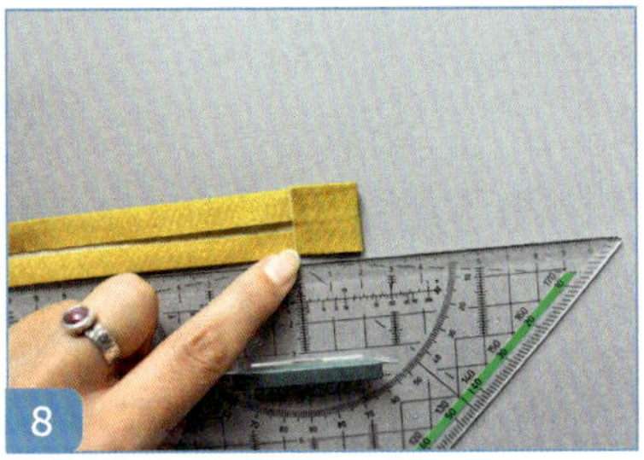
8

9

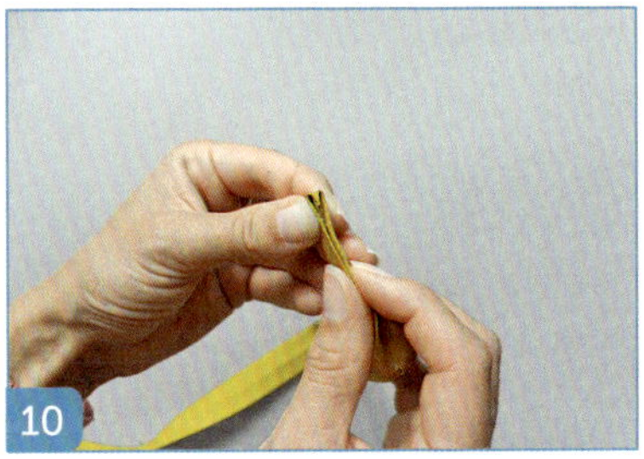
10

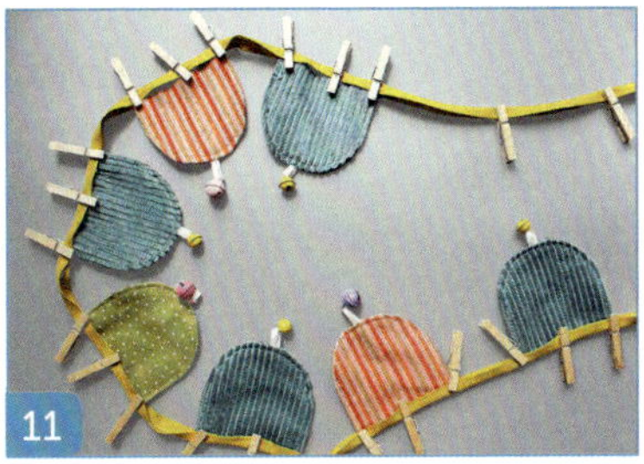
11

12

SCHNUFFELTUCH

Größe: Tuch 19 x 19 cm • **Schnittteil:** Bogen B

Das niedliche Schnuffeltuch mit integriertem Holz-Beißring kann wunderbar in der Zahnungszeit zum Einsatz kommen.

Material

- Jersey in Mint mit Fuchs und Wichtel, 45 x 25 cm
- Jersey in Gelb mit Waldmotiven, 30 x 18 cm
- Naturholzring, 5 cm Ø geprüft nach DIN EN 71-3

Zuschneiden

Jersey in Mint mit Fuchs und Wichtel

- 1x Tuch
- 1x Tuch, seitengespiegelt

Jersey in Gelb mit Waldmotiven

- 1x Zipfel

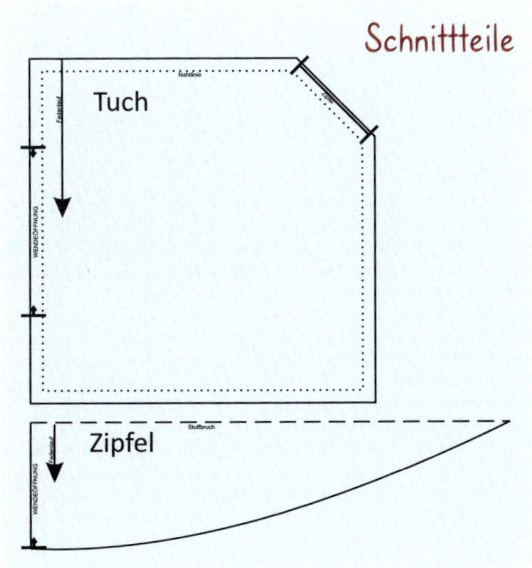

Nähen

1 Beginne mit dem Zipfel. Falte diesen in der Längsmitte zur Hälfte, stecke die Kanten aufeinander und nähe entlang der Rundung. Die gerade Kante bleibt als Wendeöffnung offen.

2 Schneide an der Spitze die Nahtzugabe zurück. Wende den Zipfel von links auf rechts und forme die Spitze schön aus.

3 Zeichne bei 11 cm eine Markierung auf, fädle den Holzring bis dorthin auf und mache einen festen Knoten.

4 Lege den Zipfel mit der offenen Kante rechts auf rechts an der schrägen Kante auf das Tuch-Teil. Stecke die Kanten gut zusammen und nähe den Zipfel einmal knappkantig fest.

5 Lege nun das seitengespiegelte Tuch-Teil rechts auf rechts obenauf und nähe einmal füßchenbreit an den Außenkanten, lasse dabei an der linken Kante die Wendeöffnung frei.

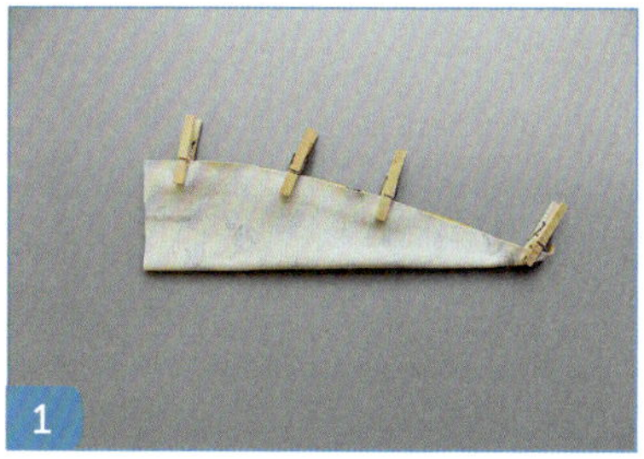
1

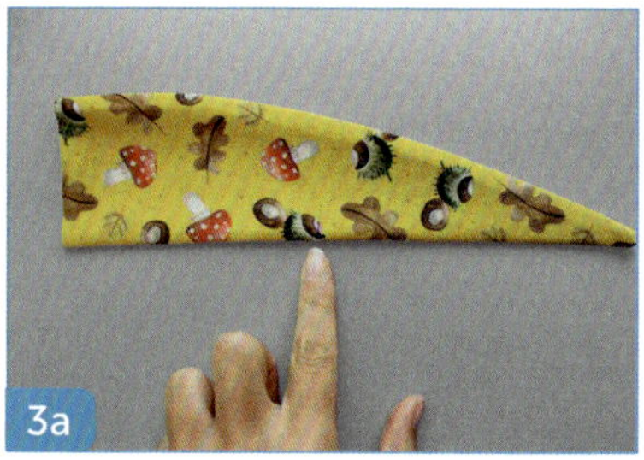
3a

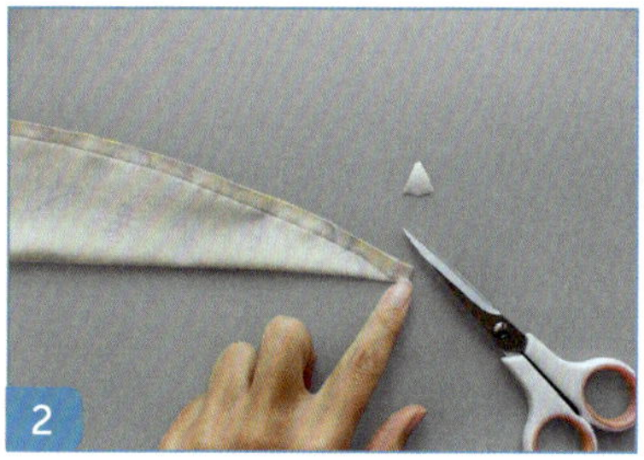
2

3b

6 Beschneide die Ecken (siehe Seite 10) und versäubere die Nahtzugabe mit Zickzackstichen.

7 Wende das Schnuffeltuch von links auf rechts. Forme die Ecken schön aus und bügle das Schnuffeltuch in Form. Lege die Nahtzugabe der Wendeöffnung nach innen und stecke die Bruchkanten zusammen.

8 Steppe die Tuch-Außenkanten ringsherum knappkantig ab. Dabei wird die Wendeöffnung gleichzeitig geschlossen.

4

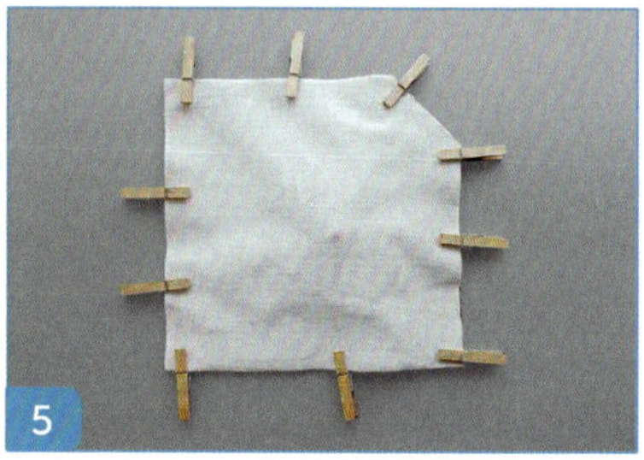
5

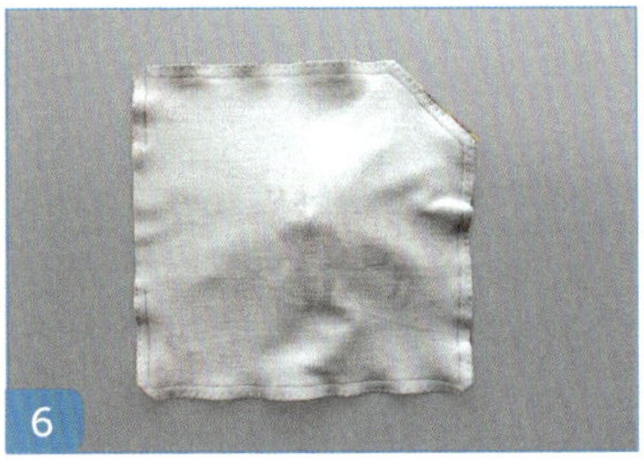

6

7

8

WASCHLAPPEN

Größe: 18,5 x 18,5 cm • **Schnittteile:** Bogen A

Mit diesem süßen Waschläppchen macht das Waschen eines kleinen Dreckspatzes gleich doppelt so viel Freude.

Material

- Walkfrottier in Hellgrau, 45 x 25 cm
- Jersey in Mint mit Fuchs und Wichtel, 45 x 25 cm
- Schrägband in Gelb, 2/4 cm breit, 30 cm
- Kordel in Türkis, 5 mm Ø, 22 cm

Zuschneiden

Walkfrottier in Hellgrau

- 2x Lappen

Jersey in Mint mit Fuchs und Wichtel

- 1x Eingriff
- 1x Eingriff, seitengespiegelt

Schnittteile

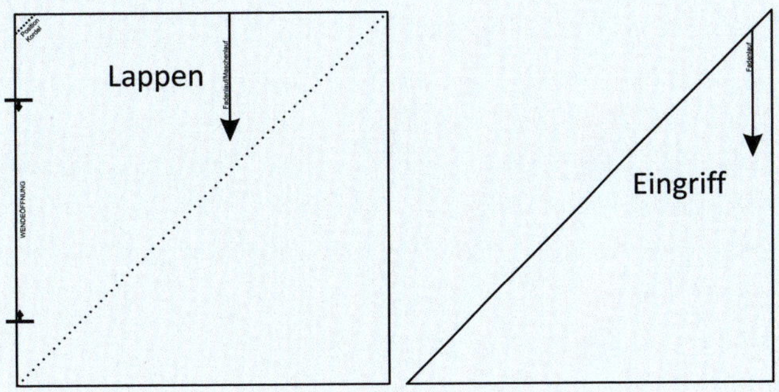

Nähen

1 Klappe das Schrägband einmal in der Längsmitte, sodass Kante auf Kante liegt und bügle die Bruchkante. Lege die beiden Eingriff-Dreiecke links auf links aufeinander, schiebe diese bis zur Bruchkante in das Schrägband und stecke alles gut fest.

2 Nähe mit Geradstich einmal knappkantig über das Schrägband, sodass die Dreiecke mit eingefasst sind.

3 Positioniere das Dreieck auf der rechte Seiten eines Lappenteils. Für den Aufhänger falte die Kordel zur Schlaufe und lege sie in der oberen linken Ecke auf – die Schlaufe zeigt nach innen, die Kordelenden stehen 2 cm über. Stecke die Kordel, sowie das Dreieck fest.

4 Lege dann das zweite Lappenteil rechts auf rechts und stecke alles gut fest.

5 Nähe mit einem einfachen Geradstich ringsherum und spare dabei an der linken Seite eine Wendeöffnung von 12 cm aus. Versäubere die Nahtzugabe mit Zickzackstichen.

6 Wende anschließend den Waschlappen durch die Wendeöffnung von links auf rechts.

7 Bügle den Waschlappen in Form und schließe die Wendeöffnung knappkantig mit einem einfachen Geradstich.

8 Fertig ist dein Waschlappen!

7

8

SPUCKTUCH

Größe: 19,5 x 35, 5 cm (Breite x Höhe) • **Schnittteile:** Bogen B

Das Spucktuch kann wunderbar beim Bäuerchen machen über die Schulter des Erwachsenen gelegt werden. Durch die gerundete Form schmiegt es sich an der Schulter schön an. Als Blickfang ist ein Regenbogen appliziert.

Material

- Baumwolle in Gelb, 40 x 25 cm
- Frottee in Grau, 40 x 25 cm
- Sweat-Cord in Kupfer, 15 x 16 cm
- Sweat in Blau, 10 x 15 cm
- Sweat in Beere, 6 x 13 cm

Zuschneiden

Baumwolle in Gelb

- 1x Tuch

Frottee in Grau

- 1x Tuch

Sweat-Cord in Kupfer

- 1x Bogen, groß

Sweat in Blau

- 1x Bogen, mittel

Sweat in Beere

- 1x Bogen, klein

Schnittteile

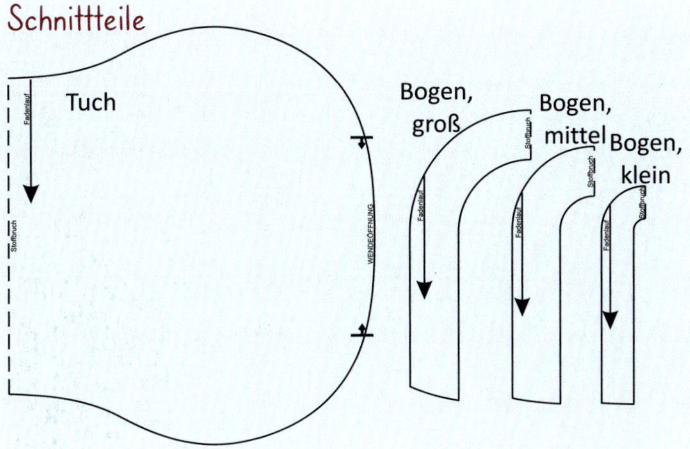

Nähen

1 Beginne mit der Regenbogen-Applikation. Positioniere den großen Bogen mittig am unteren Rand auf dem Tuch in Gelb und nähe ihn entlang der Bogen-Außenkante knappkantig fest.

2 Bügle einmal darüber. Lege den mittleren Bogen obenauf, stecke ihn fest und nähe auch diesen entlang der Bogen-Außenkante knappkantig fest.

3 Bügle, und nähe dann ebenso den kleinen Bogen auf. Steppe hier auch die Bogen-Innenkante fest.

4 Lege das Tuch in Grau rechts auf rechts obenauf, stecke alles gut fest und nähe mit Geradstich entlang der Außenkante, lasse die Wendeöffnung aus.

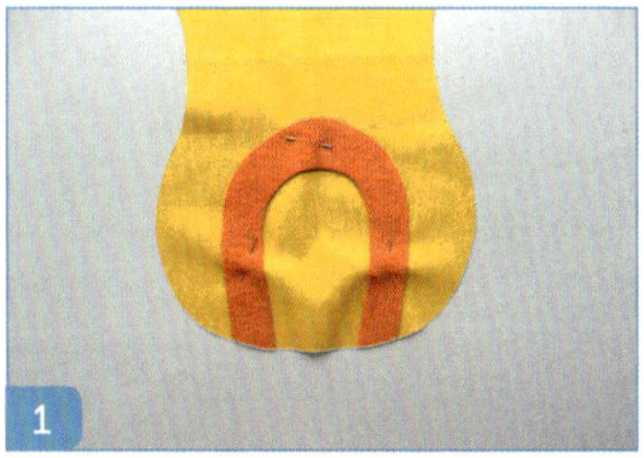

1

2

3

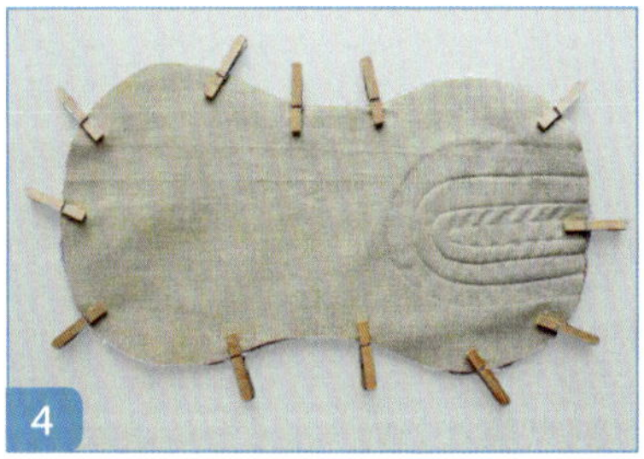

4

5 Beschneide die Nahtzugabe (siehe Seite 10), damit sich das Spucktuch nach dem Wenden schön formen lässt. Wende das Spucktuch von links auf rechts.

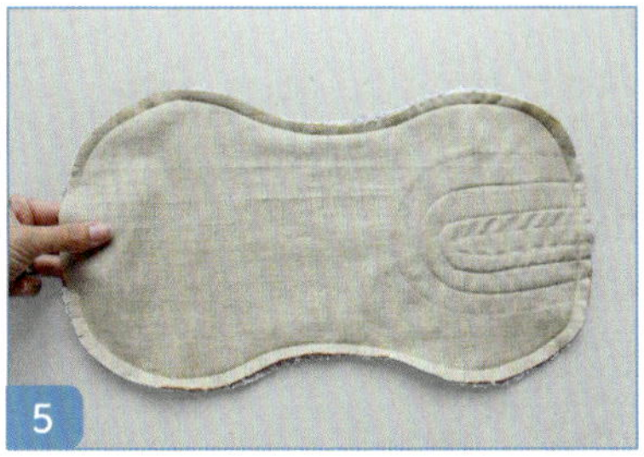

5

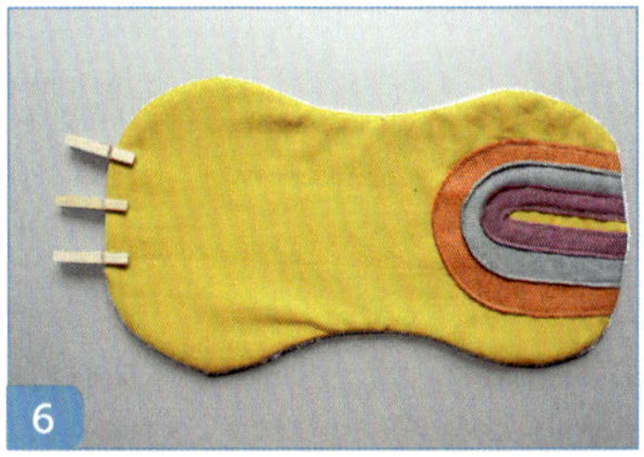

6

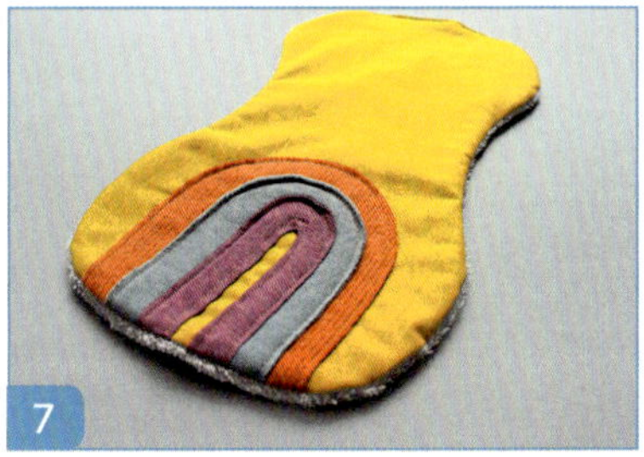

7

6 Bügle die Rundungen schön in Form. Lege die Nahtzugabe der Wendeöffnung nach innen, stecke die Bruchkanten bündig und steppe sie knappkantig ab.

7 Und fertig ist das praktische Spucktuch!

MOBILE

Größe: pro Fisch 8,5 x 6 cm (Breite x Höhe) • **Schnittteile:** Bogen B

Das Mobile mit den kunterbunten Fischen kann prima über den Wickeltisch gehängt werden und weckt dann, durch die fröhlichen Farben und Glöckchen, die Neugierde beim Baby.

Material

- Leinen in Mint, 20 x 10 cm
- Leinen in Rot, 9 x 10 cm
- Leinen in Hellgrün, 9 x 10 cm
- Leinen in Gelb, 9 x 10 cm
- Leinen in Rosa, 9 x 10 cm
- Baumwolle in Rot mit Streifen, 20 x 10 cm
- Feincord in Grün mit Pünktchen, 20 x 10 cm
- Baumwolle in Blau mit Streifen, 20 x 10 cm
- Baumwolle mit Blümchen, 20 x 10 cm
- 2 Häkelperlen, 30 mm Ø
- 2 Schellen, 15 mm Ø
- Deko-Bastelfaden, transparent
- Mobile-Bögen aus Holz, hier z. B. 22 cm und 14 cm breit
- Bastelwatte, 20 g
- Nähgarn in passenden Farben und Schwarz

Zuschneiden

Leinen in Mint

- 4x Kopf

Leinen in Rot, Hellgrün, Gelb und Rosa

- je 1x Körper

Baumwolle in Rot mit Streifen, Feincord in Grün mit Pünktchen, Baumwolle in Blau mit Streifen und Baumwolle mit Blümchen

- je 2x Flosse
- je 1x Rückseite

Schnittteile

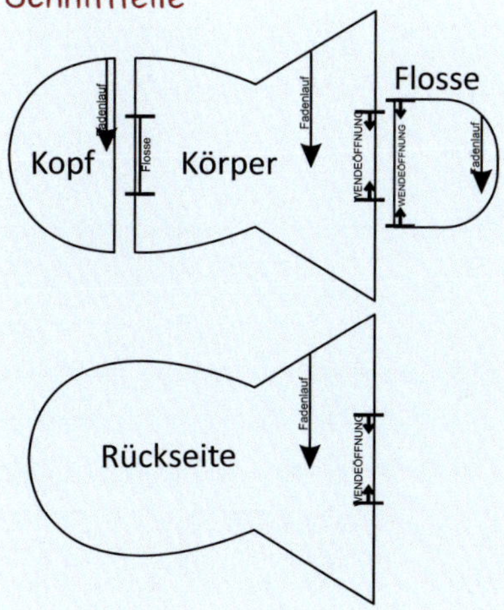

Nähen

1 **Pro Fisch** Beginne mit einer Flosse. Lege die Teile rechts auf rechts, stecke sie zusammen und nähe füßchenbreit entlang der gerundeten Kante.

2 Schneide Knipse entlang der Rundung ein und wende die Flosse von links auf rechts.

3 Lege die Flosse laut Schnittmarkierung auf die rechte Seite eines Fisch-Körperteils und lege einen Fisch-Kopf rechts auf rechts darauf. Stecke die Teile gut fest und nähe einmal füßchenbreit entlang der Kante.

4 Bügle die Nahtzugabe auseinander und lege dabei die Nahtzugabe der Flossenkante zum Kopfteil, sodass die Flosse auf der rechten Seite des Fisch-Körpers liegt.

5 Nähe per Hand mit Nähgarn in Schwarz ein kleines Auge auf.

6 Lege die Fisch-Vorderseite auf eine Fisch-Rückseite, rechts auf rechts, und stecke die Teile zusammen. Nähe füßchenbreit entlang der Außenkante, lasse die Wendeöffnung frei.

1

5

2

6

3

7

4

8

7 Beschneide die Nahtzugabe (siehe Seite 10).

8 Wende den Fisch durch die Wendeöffnung von links auf rechts. Forme die Spitzen und die Rundungen schön aus. Bügle die Nahtzugabe der Wendöffnung nach innen.

9 Fülle den Fisch mit Bastelwatte. Schließe die Wendeöffnung per Hand mit der Zaubernaht (siehe Seite 11) und ziehe, bevor du die Naht final verschließt, den Faden ein wenig straffer, sodass sich die Fischflosse ein bisschen zusammenrafft. Dieser Effekt sieht sehr süß aus und verleiht dem Mobile später mehr Lebendigkeit. Vernähe dann die Schließnaht.

10 Nähe die weiteren Fische genauso.

11 Nimm die beiden Holzbögen, die Schellen, die Häkelperlen und natürlich die Fische, und drapiere alles so, wie du es für das Mobile möchtest. Fädle/nähe die Teile jeweils an ein Stück transparenten Bastelfaden und knote diesen dann fest an die Holzbögen.

Prüfe alle Nähte und Schnüre des Mobiles, damit sich kein Fisch und keine Perle vom Mobile löst. Das Mobile sollte außer Reichweite des Kindes hängen und regelmäßig auf Sicherheit überprüft werden.

U-HEFT-HÜLLE

Größe: 15,5 x 22 cm (Breite x Höhe, geschlossen)

Das Vorsorgeuntersuchungsheft begleitet Kind und Eltern von der Geburt des Kindes bis zur Einschulung. Eine selbst genähte Stoff-Hülle, mit Namen personalisiert, ist ein schöner Hingucker, macht das Heft individuell und spart sogar die herkömmliche Plastikhülle.

Material

- Baumwolle in Blau mit Kindermotiv, 90 x 30 cm
- Baumwolle in Rosa mit Streifen, 90 x 30 cm
- Vlieseline Volumenvlies H 630, 90 x 40 cm
- Gummikordel in Weiß, 3 mm Ø, 43 cm
- Holzperlen mit Buchstaben für den Namen
- 2 Holzperlen in Mint

Zuschneiden

Baumwolle in Blau mit Kindermotiv

- 1x 32,5 x 24 cm (Außenteil)
- 2x 11 x 24 cm (Einschubklappen)

Baumwolle in Rosa mit Streifen

- 1x 32,5 x 24 cm (Innenteil)
- 2x 11 x 24 cm (Einschubklappen)

Volumenvlies

- 2x 32,5 x 24 cm (Außenteil)
- 4x 11 x 24 cm (Einschubklappen)

Nähen

1 Bügle die passenden Volumenvlies-Zuschnitte auf die linken Stoffseiten der Außenteile und der Einschubklappen.

2 Fädle Perlen und Namens-Perlen auf die Gummikordel. Positioniere die Perlen in der Kordelmitte und sichere sie mit Knoten.

3 Lege das Gummiband mit 3 cm Abstand zur linken kurzen Kante auf das Außenteil. Die Perlen liegen mittig. Straffe es etwas, damit der Verschluss später gut hält (wie sehr, hängt von der Dehnbarkeit der Kordel ab). Hier liegen ca. 23 cm innen, 10 cm stehen oben und unten über. Stecke es fest und riegle es mit einfachen Geradstichen innerhalb der Nahtzugabe gut fest.

4 Stecke je eine Einschubklappe in Blau mit Kindermotiv und eine in Rosa mit Streifen rechts auf rechts und nähe sie an einer langen Kante füßchenbreit zusammen. Falte die Teile auf und bügle die Nahtzugabe zuerst auseinander (Bügeltuch nicht vergessen!), lege dann die Teile links auf links und bügle die Kante im Nahtbruch flach. So bekommst du eine akkurate Linie.

1

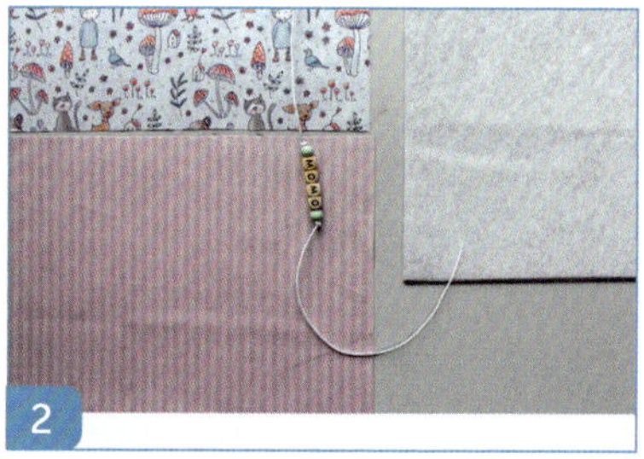
2

3

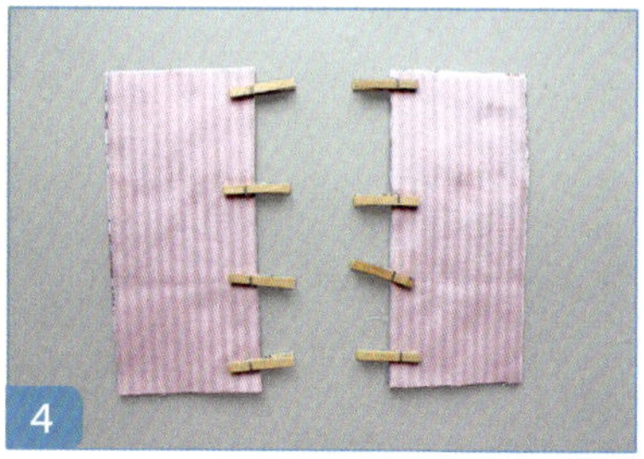
4

5

6

5 Steppe die Kante knappkantig ab.

6 Lege die Einschubklappen auf das Innenteil. Stecke sie fest und steppe sie einmal entlang der offenen Kanten knappkantig fest.

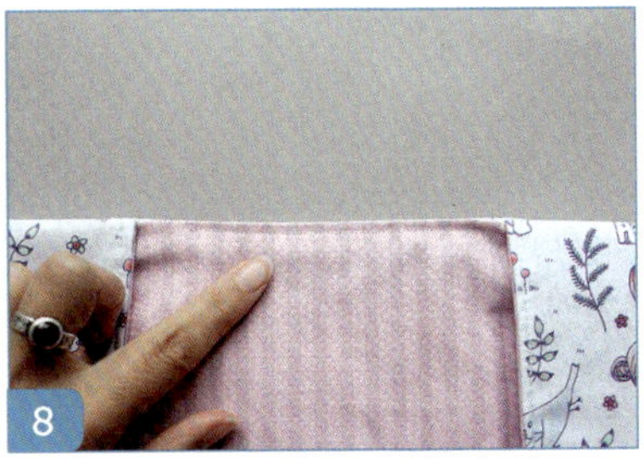

7 Lege das Außenteil auf das Innenteil, rechts auf rechts, und nähe einmal füßchenbreit mit Geradstich ringsherum – lasse dabei an der unteren langen Kante in der Mitte eine Wendeöffnung von 10 cm. Wende die U-Heft-Hülle durch die Wendeöffnung von links auf rechts, forme die Ecken schön aus und bügle alles gut in Form.

8 Falte die Nahtzugabe der Wendeöffnung nach innen und stecke die Bruchkanten zusammen. Schließe die Öffnung von Hand oder knappkantig mit der Nähmaschine.

9 Stecke das U-Heft hinein und schließe die Hülle mit der Gummikordel.

GREIFLING

Größe: Korpus 10 cm Ø • **Schnittteile:** Bogen B

Dieser niedliche Greifling mit Quietscheinsatz lädt zum Fühlen und Erkunden ein. Auf Vorder- und Rückseite können hübsche Kindermotive entdeckt werden.

Material

- Baumwolle in Blau mit Kindermotiv, 26 x 12 cm
- Baumwolle in Rosa mit Streifen, 35 x 20 cm
- Quietscher, flach, geprüft nach DIN EN 71-3
- Bastelwatte, 20 g, geprüft nach DIN EN 71-3

Zuschneiden

Baumwolle in Blau mit Kindermotiv

- 2x Korpus

Baumwolle in Rosa mit Streifen

- 5x Schlaufe

Schnittteile

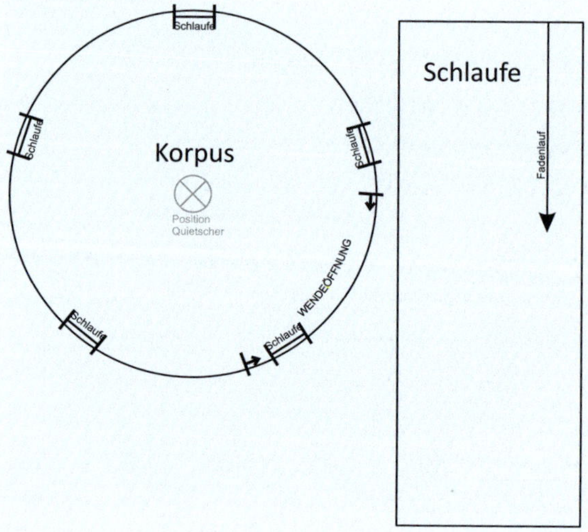

Nähen

1 Beginne mit den Schlaufen. Falte einen Schlaufen-Streifen einmal in der Längsmitte zur Hälfte und bügle die Bruchkante. Falte den Streifen auf, lege die langen Kanten jeweils links auf links bis zur gebügelten Bruchkante und bügle auch hier wieder die Bruchkanten.

2 Falte den Streifen dann noch einmal längs zur Hälfte und nähe rechts und links knappkantig mit Geradstich entlang der Stoffkanten.

3 Wiederhole dies mit allen weiteren Schlaufen-Streifen.

4 Falte die Streifen zu Schlaufen und positioniere diese laut Schnitt auf einem Korpus-Teil. Dabei liegen die Bruchkanten 5 cm weit nach innen und 3 cm schauen als Überstand an der Außenkante heraus.

5 Nähe die Schlaufen innerhalb der Nahtzugabe einmal knappkantig fest. Lege dann das zweite Korpus-Teil rechts auf rechts auf und nähe mit Geradstich füßchenbreit einmal ringsherum, spare dabei die Wendeöffnung aus.

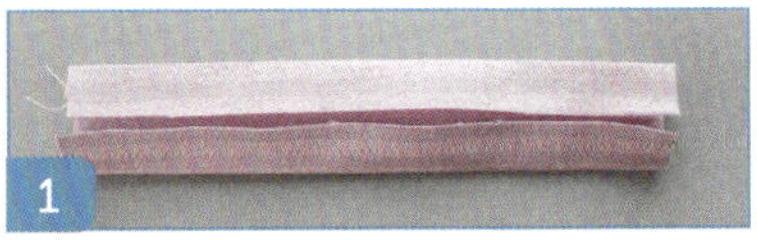

1

2

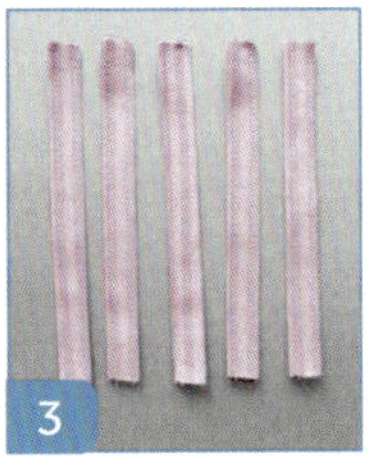

3

4

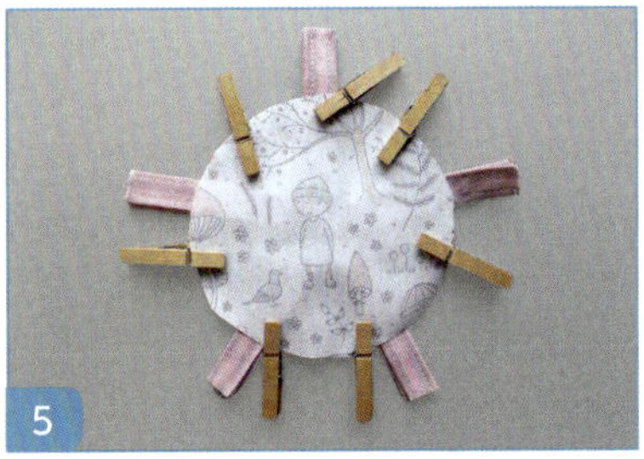

5

6 Knipse die Nahtzugabe rundum ein.

7 Wende den Greifling durch die Wendeöffnung von links auf rechts und fülle ihn mit der Bastelwatte und dem Quietscher.

8 Lege die Nahtzugabe der Wendeöffnung nach innen und stecke die Bruchkanten gut fest.

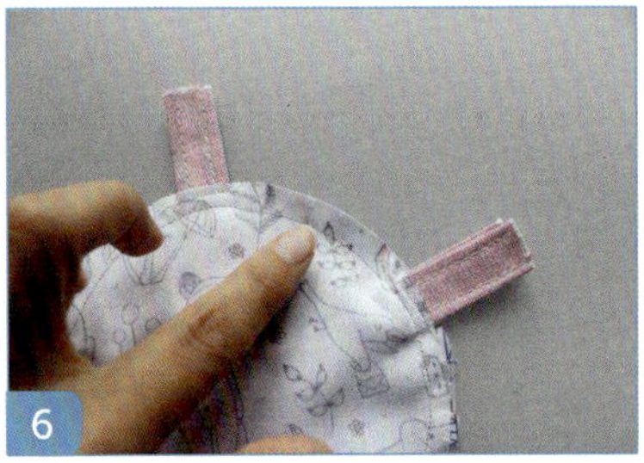

6

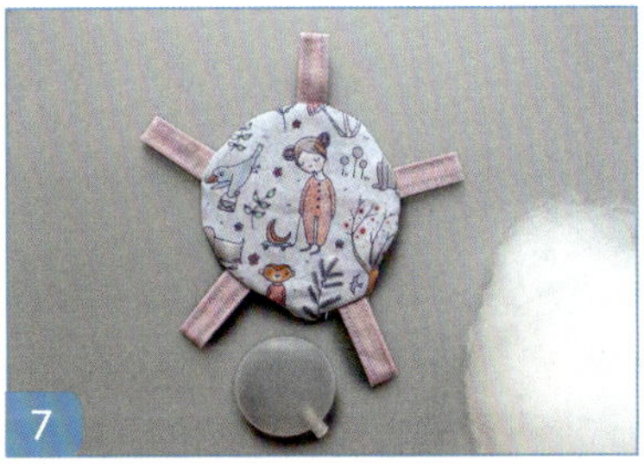

7

8

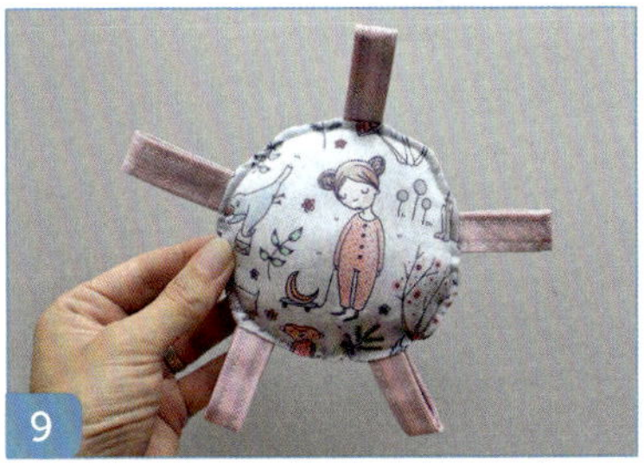

9

9 Steppe die Außenkante einmal knappkantig ringsherum ab und schließe dabei die Wendeöffnung direkt mit.

WINDELTASCHE

Größe: 25 x 16,5 cm (Breite x Höhe, geschlossen)

Die Windeltasche eignet sich besonders gut, wenn man mit dem kleinen Neuankömmling unterwegs ist. Darin können zwei Windeln, eine Packung Feuchttücher und Öl oder Creme verstaut werden.

Material

- Baumwolle in Mint mit Mutter und Kind, 70 x 30 cm
- Baumwolle in Natur mit Blumen, 65 x 30 cm
- Baumwolle in Gelb, 40 x 30 cm
- Baumwollkordel in Rosa, 5 mm Ø, 60 cm
- Vlieseline Volumenvlies H 630, 85 x 30 cm

Zuschneiden

Baumwolle in Mint mit Mutter und Kind

- 1x 36 x 27 cm (Außenteil)
- 2x 13,5 x 27 cm (schmales Fach)

Baumwolle in Natur mit Blumen

- 2x 17 x 27 cm (breites Fach)
- 2x 13,5 x 27 cm (schmales Fach)

Baumwolle in Gelb

- 1x 36 x 27 cm (Innenteil)

Baumwollkordel in Rosa

- 2x 30 cm

Volumenvlies

- 1x 36 x 27 cm (Außenteil)
- 1x 17 x 27 cm (breites Fach)
- 2x 13,5 x 27 cm (schmales Fach)

Nähen

1 Bügle die passenden Volumenvlies-Zuschnitte auf die linken Stoffseiten des Außenteils, eines breiten Fachs und je eines schmalen Fachs pro Stoff.

2 Markiere auf dem Außenteil an den kurzen Kanten jeweils die Mitte und lege hier die beiden Kordelstücke auf. 10 cm liegen dabei außen. Verknote die innenliegenden Enden bereits jetzt, damit diese nicht ausfransen. Stecke die Kordeln fest und nähe sie knappkantig einmal fest.

3 Lege als nächstes die beiden Stoffteile für das breite Fach rechts auf rechts aufeinander. Stecke, und nähe sie an der rechten langen Kante füßchenbreit zusammen.

4 Falte die Teile auf und bügle die Nahtzugaben zuerst auseinander, lege dann die Teile links auf links und bügle die Kante im Nahtbruch flach. So bekommst du eine akkurate Linie. Steppe die Kante knappkantig ab.

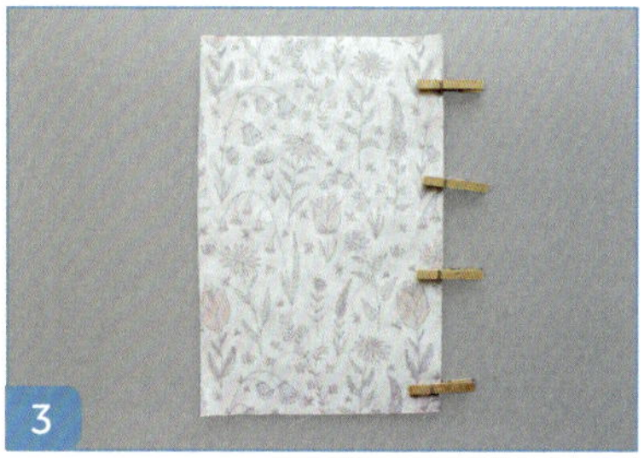

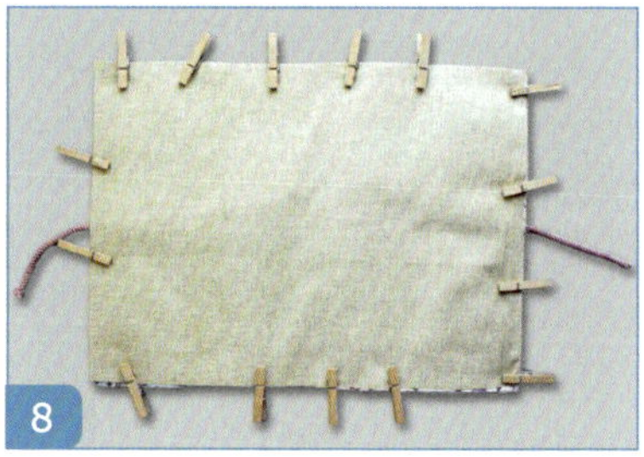

5 Wiederhole die Schritte 3 und 4 mit den Teilen für die schmalen Fächer. Achte darauf, dass beim mintfarbenen Fach die Naht an der anderen langen Kante ist.

6 Lege nun das weiße schmale Fach auf das breite Fach und steppe mittig quer eine Abtrennung durch beide Lagen.

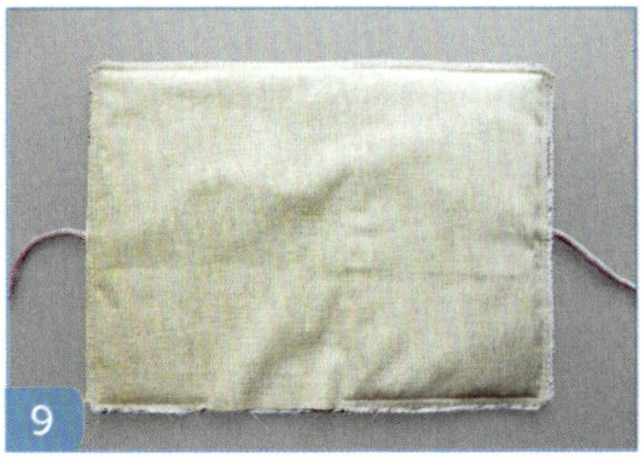

7 Lege danach die Fächer-Stücke rechts auf rechts auf das Außenteil. Stecke sie fest und nähe sie an den Außenkanten einmal knappkantig fest.

8 Lege das Innenteil rechts auf rechts auf die Lagen. Stecke alles gut fest und nähe einmal füßchenbreit ringsherum. Lasse dabei an der unteren Kante zwischen den beiden Fächern eine großzügige Wendeöffnung (10 cm).

9 Beschneide die Nahtzugabe (siehe Seite 10) und versäubere sie mit Zickzackstichen.

10 Wende die Windeltasche von links auf rechts. Stülpe die Fächer um, sodass sie auf der Innenseite liegen. Forme Ecken und Kanten schön aus. Falte die Nahtzugaben der Wendeöffnung nach innen und stecke die Bruchkanten zusammen. Schließe die Öffnung per Hand mit der Zaubernaht (siehe Seite 11).

11 Fertig ist die Windeltasche, die mit der Kordel verschlossen wird.

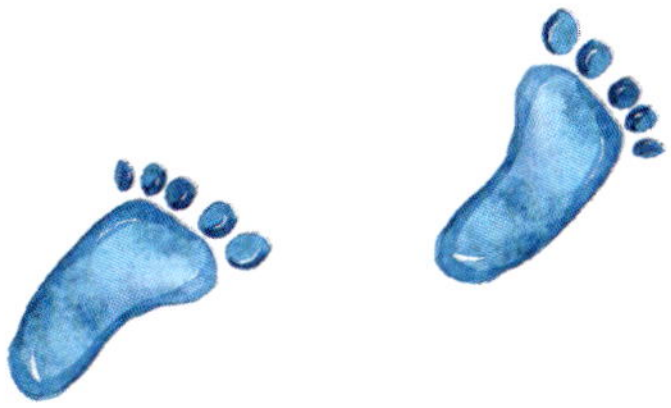

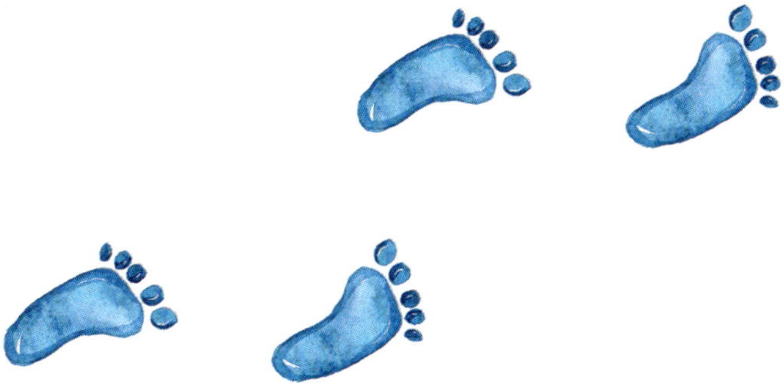

TÄSCHCHEN

Größe: 24,5 (unten)/34,5 cm (oben) x 21 x 10 cm (Breite x Höhe x Tiefe) • **Schnittteile:** Bogen A

Das kleine Täschchen kann wunderbar als Aufbewahrungsort für Hautpflege- und Gesundheitsartikel wie Fieberthermometer, Cremes, Salben, Pflaster und Co. genutzt werden. Auf Reisen ist dann alles schnell zur Hand und durch den Reißverschluss kindersicher aufbewahrt!

Material

- Baumwolle in Blaugrün, 60 x 16 cm
- Baumwolle in Blau mit Kindermotiv, 25 x 16 cm
- Cord in Rosa, 75 x 20 cm
- Baumwolle in Gelb mit Punkten, 80 x 35 cm
- Kordel in Blaugrün, 4 mm Ø, 16 cm
- Vlieseline Volumenvlies H 630, 75 x 30 cm
- Reißverschlussmeterware mit Zipper in Rosa, 50 cm

Zuschneiden

Baumwolle in Blaugrün

- 4x seitliches Oberteil

Baumwolle in Blau mit Kindermotiv

- 2x mittleres Oberteil

Cord in Rosa

- 2x Unterteil

Baumwolle in Gelb mit Punkten

- 2x Innenteil

Volumenvlies

- 2x Innenteil

Schnittteile

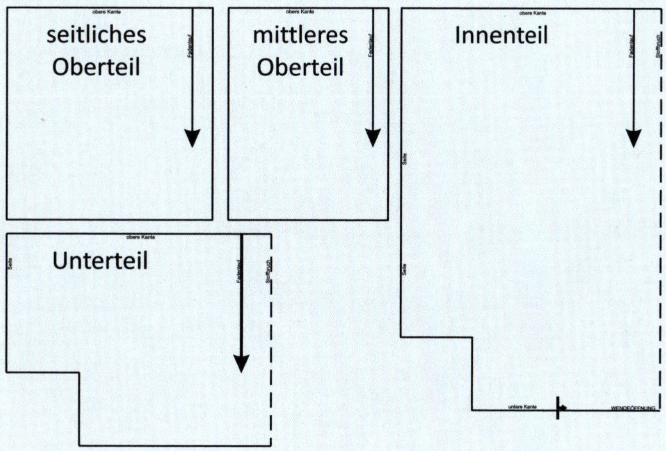

Nähen

1 Beginne für die Außentasche mit den Oberteilen.

2 Lege das mittlere Oberteil an der rechten Kante auf das linke seitliche Oberteil, rechts auf rechts, stecke und nähe die Kanten mit Geradstich zusammen.

3 Bügle die Nahtzugaben auseinander.

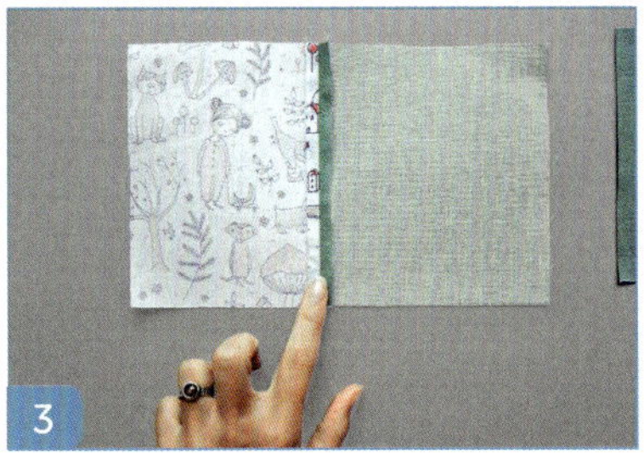

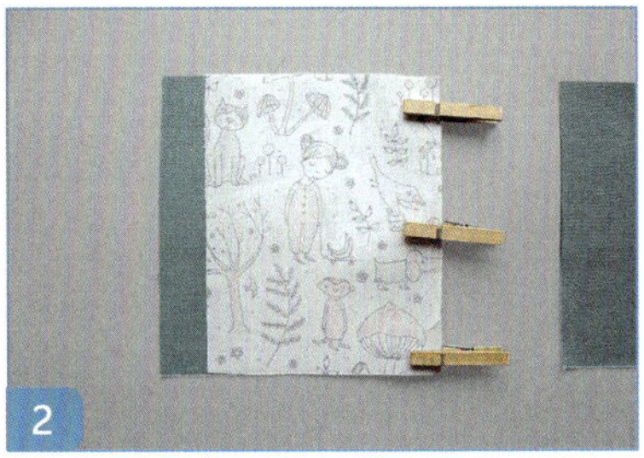

4 Lege anschließend das rechte seitliche Oberteil an der rechten Kante auf das mittlere Oberteil, wieder rechts auf rechts, stecke und nähe die Stoffe zusammen. Bügle danach auch hier die Nahtzugaben auseinander.

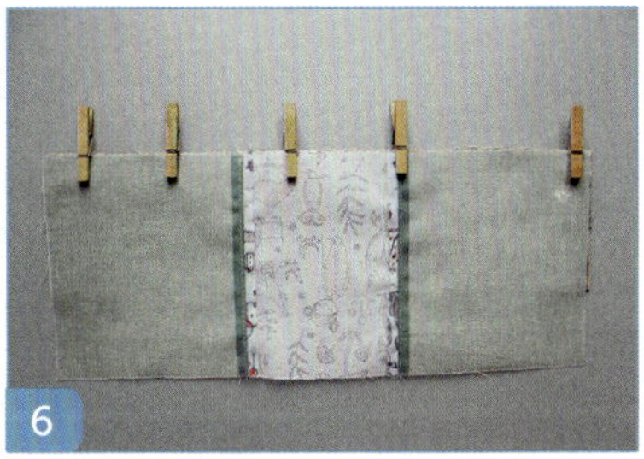

5 Steppe die Nähte jeweils auf den seitlichen Oberteilen knappkantig ab.

6 Lege dann das Oberteil auf ein Unterteil, rechts auf rechts, stecke die Teile gut fest und nähe auch diese mit Geradstich zusammen.

7 Bügle die Nahtzugaben wieder auseinander. Lege die genähte Außenseite mit der linken Seite auf die Klebeseite eines Volumenvlies-Teils und bügle sie fest.

8 Steppe die Naht zwischen Ober- und Unterteil auf dem Unterteil knappkantig ab.

9 Wiederhole die Schritte 1–8. Du hast nun beide Außentaschenteile fertig.

10 Lege den Reißverschluss an der oberen Kante eines Innenteils auf die rechte Stoffseite. An beiden Seiten steht der Reißverschluss etwa 7 cm über, der Zipper liegt links.

11 Lege ein Außenteil rechts auf rechts obenauf. Stecke die beiden Stoffe und den Reißverschluss zusammen und nähe, möglichst knapp neben der Zähnchenraupe, entlang der Kante. Hilfreich ist hier, wenn du die Nadelposition nach links rücken kannst.

12 Klappe die Stoffe links auf links um – das angenähte Reißverschlussband liegt nun innen zwischen den Lagen.

13 Wiederhole die Schritte 10–12 an der anderen Seite des Reißverschlusses. Bügle auf beiden Seiten die Stoffe weg vom Reißverschluss flach.

9

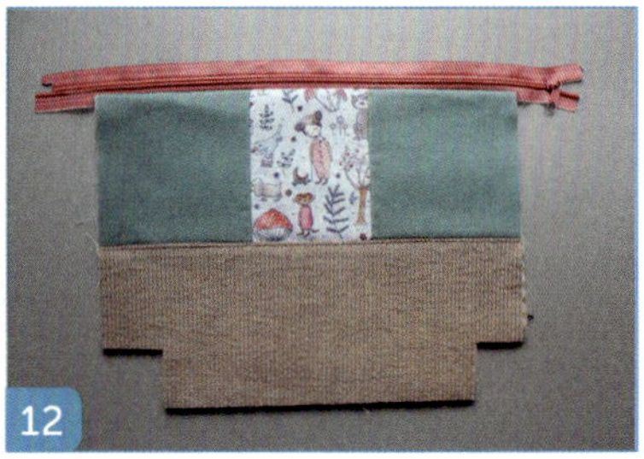

12

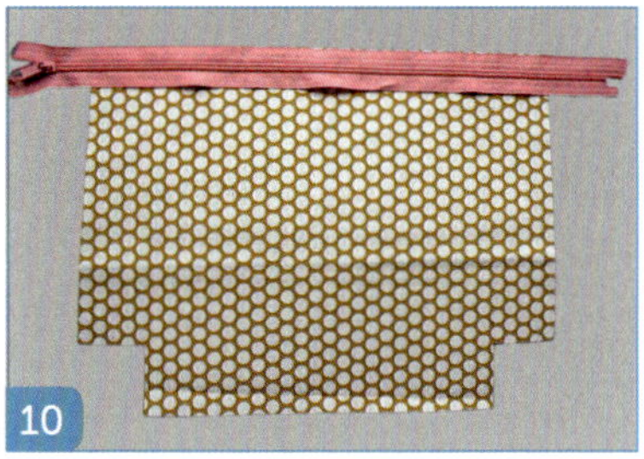

10

13

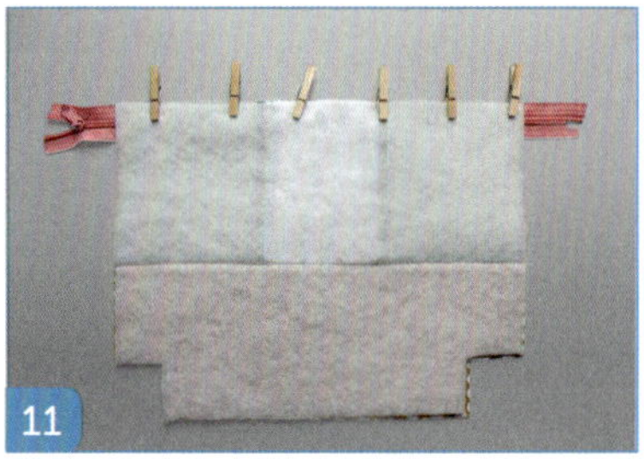

11

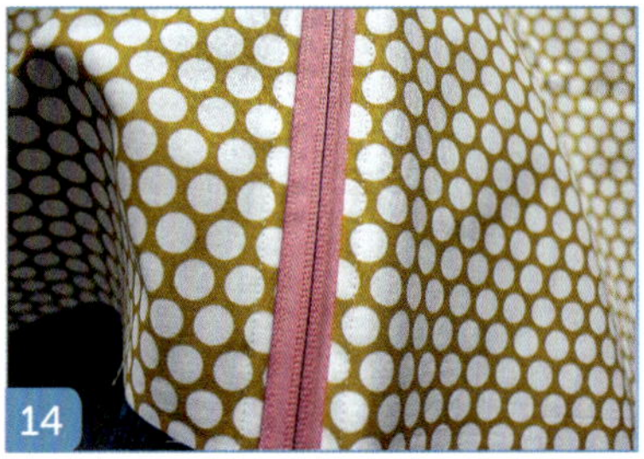

14

14 Damit sich der Innenstoff beim Öffnen und Schließen der Tasche später nicht im Reißverschluss verklemmt, werden hier die Nähte abgesteppt. Falte dafür die Teile jeweils so auf, dass du nur auf dem Innenstoff und dem Reißverschlussband nähen kannst und steppe knappkantig mit Geradstich.

15 Falte nun beide Taschenhälften auf, und lege sie so rechts auf rechts, dass Außenseite auf Außenseite und Innenseite auf Innenseite liegt. Und öffne **jetzt unbedingt** den Reißverschluss bis zur Mitte, damit sich später die Tasche auch wenden lässt! Stecke danach alles gut fest.

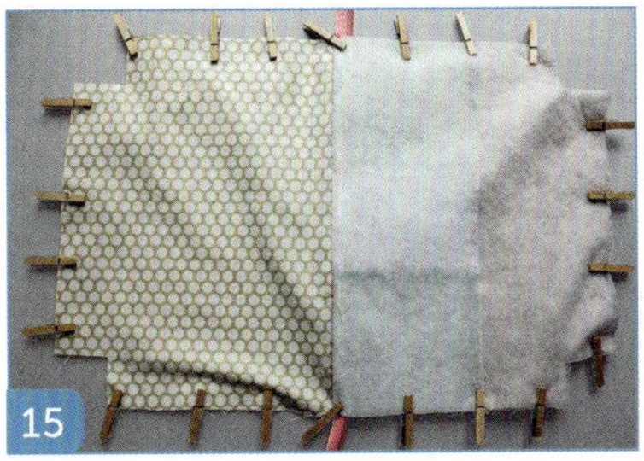

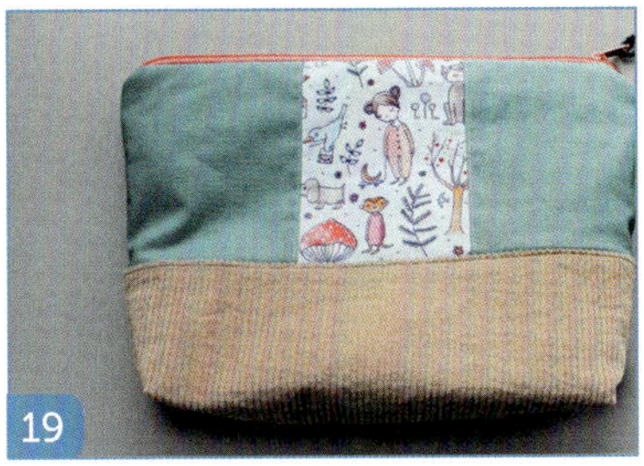

18 Wende die Tasche von links auf rechts. Lege die Nahtzugaben der Wendeöffnung nach innen und stecke die Bruchkanten zusammen. Schließe die Öffnung knappkantig.

16 Achte darauf, dass der Reißverschluss sauber abgesteckt wird und die Reißverschlussraupe Richtung Außenseite zeigt. Nähe nun zuerst die seitlichen Kanten und dann bei der Außenseite sowie bei der Innenseite die unteren Kanten zusammen, lasse bei der Innenseite mittig die Wendeöffnung.

17 Für die Bodentiefe ziehe zuerst an einer Seite die Eck-Ausschnitte auseinander und lege sie dann rechts auf rechts, sodass die Seitennaht und die Naht der unteren Kante aufeinandertreffen. Schließe die offene Kante. Verfahre mit allen anderen Ecken ebenso.

19 Stülpe die Innenseite links auf links in die Außenseite. Bügle die Tasche schön aus. Knote die Kordel an den Zipper.

ANHÄNGER

Größe: Blätter 9 x 25,5 cm, Igel 12 x 16,5 cm, Pilz 12 x 20 cm (Breite x Höhe, inkl. Schellen und Ringe) • **Schnittteile:** Bogen A

Die Spielbogen-Anhänger laden zum Erkunden und Entdecken ein: Die Blätter klingeln, das Igelchen knistert und der Fliegenpilz rasselt. Einen Spielbogen kannst du fertig kaufen oder, mit etwas Geschick, selber bauen. Hierfür findest du im Internet viele tolle Anleitungen.

Material

- Cord in Grün mit Pünktchen, 25 x 20 cm
- Cord in Braun, 30 x 12 cm
- Leinen in Altrosa, 10 x 10 cm
- Cord in Rot mit Pünktchen, 30 x 10 cm
- Leinen in Natur, 20 x 10 cm
- Baumwolle mit Streublümchen, 25 x 20 cm
- Baumwollkordel in Natur, 125 cm
- Baumwoll-Vlies kbA, 250 g, 25 x 20 cm
- 1 Schelle, 11 mm Ø
- 2 Schellen, 15 mm Ø
- Bastelwatte, 10 g, geprüft nach DIN EN 71-3
- Rasseleinsatz, 2 cm Ø, geprüft nach DIN EN 71-3
- 4 Holzringe, 6 cm Ø, geprüft nach DIN EN 71-3
- Knisterfolie, 20 x 12 cm, geprüft nach DIN EN 71-3

Zuschneiden

Cord in Grün mit Pünktchen
- 2x Blatt

Cord in Braun
- 1x Igel-Körper
- 1x Igel-Körper, seitengespiegelt

Leinen in Altrosa
- 1x Igel-Kopf
- 1x Igel-Kopf, seitengespiegelt

Cord in Rot mit Pünktchen
- 2x Pilz-Hut

Leinen in Natur
- 2x Pilz-Stiel

Baumwolle mit Streublümchen
- 1x Igel-Schnauze
- 1x Igel-Schnauze, seitengespiegelt
- 2x Blatt

Baumwollkordel Natur
- 2x 9 cm
- 4x 22 cm
- 1x 17 cm

Baumwoll-Vlies
- 2x Blatt

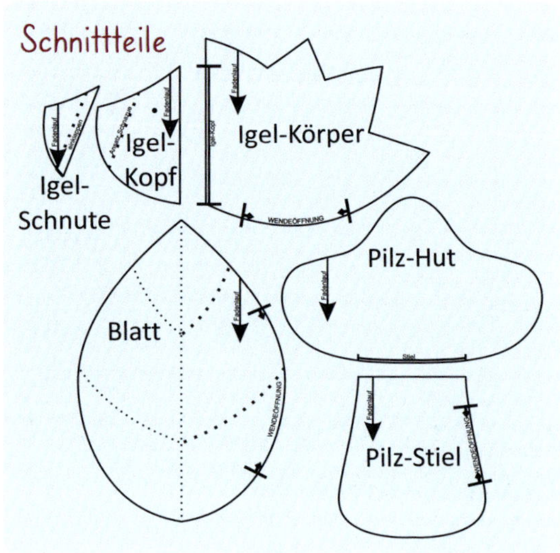

Nähen

1 **Pro Blatt** Zeichne die Blattadern mit einem wasserlöslichen Stift auf die rechte Seite eines Blatt-Teils. Lege das Blatt-Teil mit der linken Seite auf das Baumwoll-Vlies und stecke die Teile zusammen. Steppe dann mit Geradstich entlang der Linien.

2 Fädle eine Schelle auf ein Stück Kordel (9 cm) und positioniere diese mittig am unteren Blattrand. Die Schelle zeigt nach innen und 2 cm Kordel stehen an der Spitze über. Riegle die Kordel innerhalb der Nahtzugabe mit Geradstichen fest.

3 Fädle einen Holzring auf ein Stück Kordel (21 cm) und positioniere diesen mittig an der Blattspitze. Der Ring zeigt nach innen und 4 cm Kordel stehen an der Spitze über. Riegle die Kordel innerhalb der Nahtzugabe mit Geradstichen fest.

4 Lege das gleichfarbige zweite Blattteil rechts auf rechts obenauf und stecke alles gut fest. Nähe mit Geradstich entlang der Außenkante, lasse die Wendeöffnung aus.

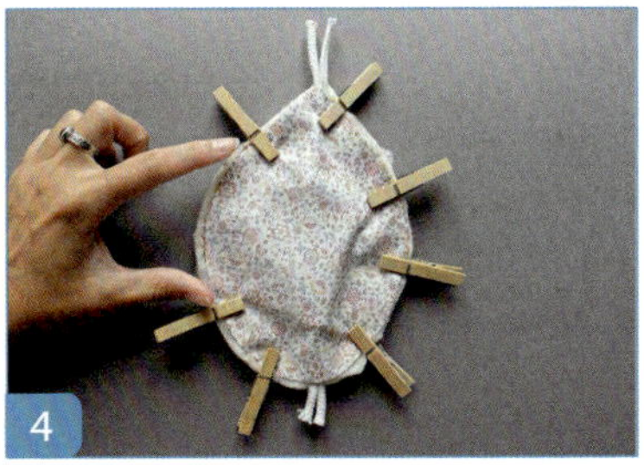

5 Wende das Blatt von links auf rechts und forme alles schön aus und lege die Nahtzugabe der Wendeöffnung bündig nach innen und stecke die Bruchkanten zusammen.

6 Nähe dann einmal knappkantig ringsherum und schließe dabei gleichzeitig die Wendeöffnung.

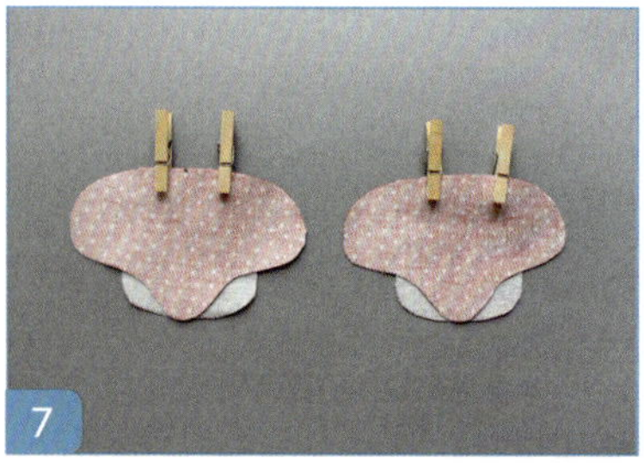

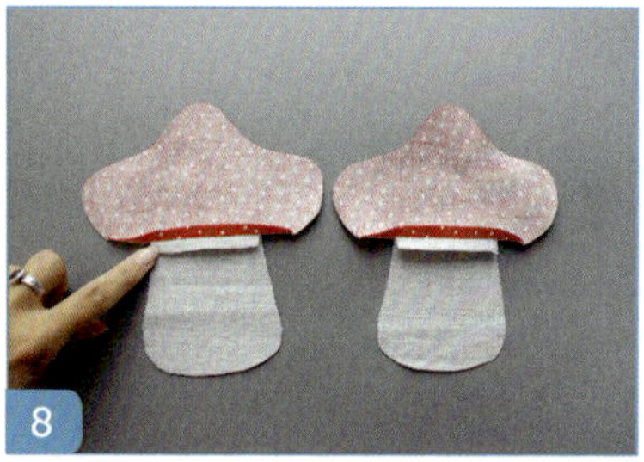

7 **Fliegenpilz** Lege einen Pilz-Kopf rechts auf rechts auf einen Pilz-Stiel. Stecke die Teile gut fest und nähe sie mit Geradstich zusammen. Wiederhole das mit den verbliebenen Teilen.

8 Bügle die Nahtzugaben auseinander.

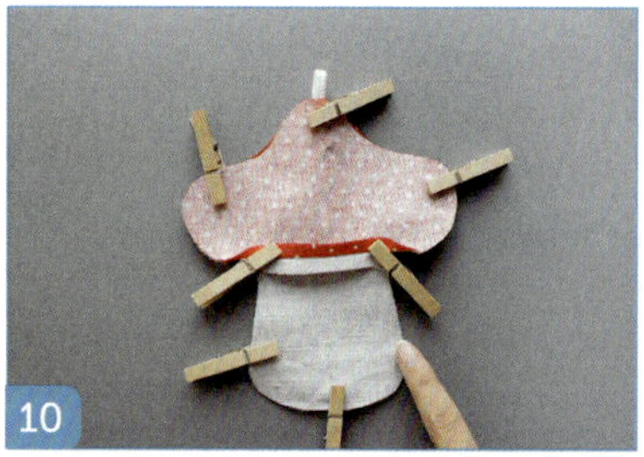

9 Nimm ein Stück Kordel (22 cm) und klappe dieses zur Schlaufe. Positioniere die Schlaufe mittig auf einem Pilzteil. Die Bruchkante der Kordel steht an der oberen Kante 1 cm über, die restlichen 10 cm zeigen nach innen.

10 Lege das zweite Pilzteil rechts auf rechts obenauf und stecke alles gut fest. Nähe mit Geradstich entlang der Außenkante, lasse die Wendeöffnung aus.

11 Beschneide die Nahtzugabe (siehe Seite 10) und wende den Pilz von links auf rechts.

12 Bügle die Nahtzugaben der Wendeöffnung bündig nach innen. Fülle zuerst den Pilz-Hut mit etwas Bastelwatte und schiebe die Rassel dazwischen, fülle dann auch den Pilzstiel. Schließe die Wendeöffnung per Hand.

13 Befestige den Pilz mit einem festen Doppelknoten an einem Holzring.

14

15

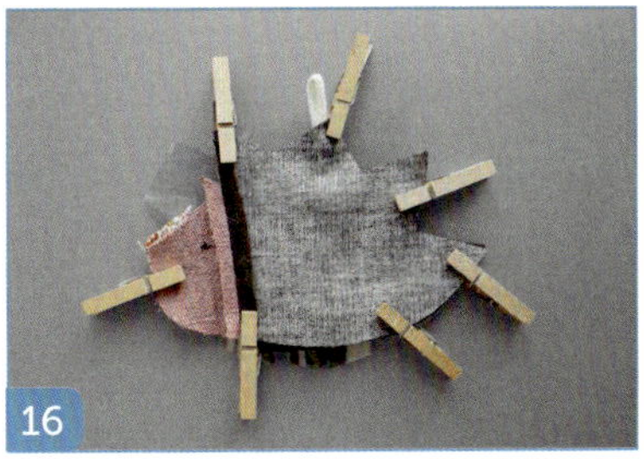
16

17

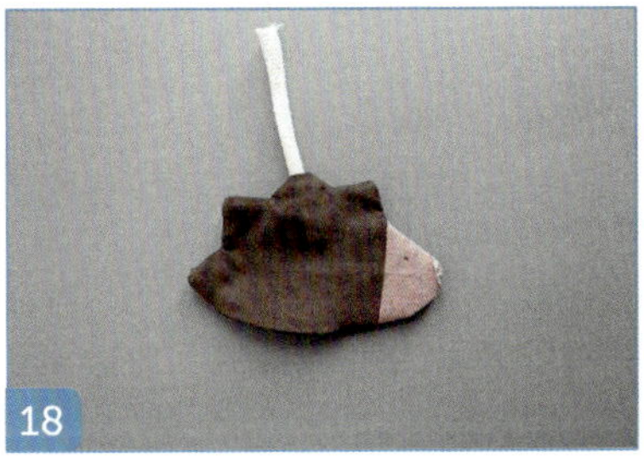
18

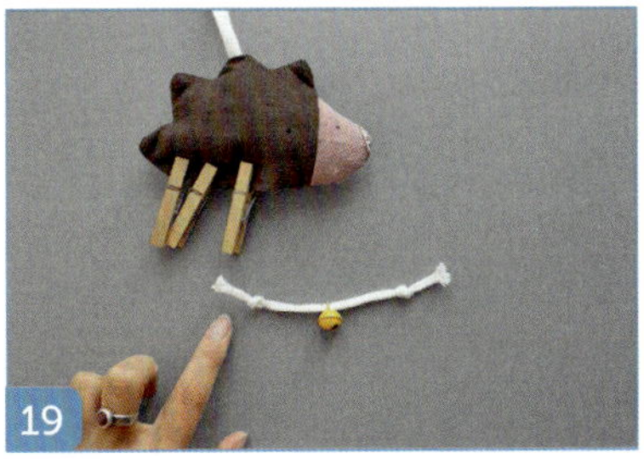
19

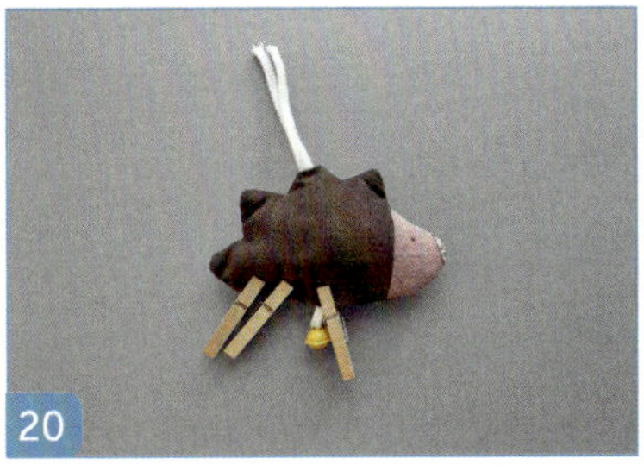
20

14 **Igel** Klappe an einer Schnute die markierte Kante 5 mm nach links, lege die Schnute auf den Kopf und nähe sie knappkantig fest. Zeichne an der vorgesehenen Stelle ein Auge auf und nähe dieses per Hand auf.

15 Lege den Kopf rechts auf rechts auf ein Körperteil, stecke ihn gut fest und nähe die Teile einmal füßchenbreit zusammen. Bügle die Nahtzugaben auseinander. Wiederhole das mit den verbliebenen Igel-Teilen.

16 Lege nun die Knisterfolie auf die linke Seite eines Igelteils. Außerdem ein Stück Kordel (22 cm) auf die rechte Seite des Igelteils und darauf rechts auf rechts das zweite Igelteil. Stecke alles gut fest und nähe mit Geradstich entlang der Außenkante, lasse die Wendeöffnung aus.

17 Schneide die Knisterfolie zurück und beschneide die Nahtzugaben (siehe Seite 10).

18 Wende den Igel von links auf rechts. Bügle die Nahtzugaben vorsichtig nach innen – achte darauf, dass du nicht mit dem Bügeleisen an die Knisterfolie kommst. Fülle den Igel mit Bastelwatte.

19 Nimm ein Stück Kordel (17 cm), fädle eine Schelle auf und verknote die Enden.

20 Schiebe die Kordel mit der Schnelle mittig in die Wendeöffnung, stecke alles gut fest und schließe die Wendeöffnung knappkantig.

UTENSILOS

Größe: groß 21,5 x 21 x 8 cm; mittel 16,5 x 16 x 8 cm; klein 14 x 12 x 6 cm (Breite x Höhe x Tiefe, ohne Umschlag) • **Schnittteile:** Bogen B

Diese Utensilos sind eine praktische Aufbewahrungsmöglichkeit für alles Mögliche – egal ob im Kinderzimmer oder auf dem Wickeltisch. Es gibt sie in drei Größen. Aus Breitcord und „lässig" umgestülpt, sind sie zugleich eine trendige Dekoration.

Material

- Breitcord in Bordeaux, 65 x 30 cm
- Breitcord in Curry, 65 x 30 cm
- Breitcord in Hellgrün, 55 x 25 cm
- Breitcord in Orange, 55 x 25 cm
- Breitcord in Dunkelblau, 45 x 20 cm
- Breitcord in Altrosa, 45 x 20 cm
- Vlieseline Volumenvlies H 630, 90 x 50 cm

Zuschneiden

Breitcord in Bordeaux
- 2x Utensilo groß (außen)

Breitcord in Curry
- 2x Utensilo groß (innen)

Breitcord in Hellgrün
- 2x Utensilo mittel (außen)

Breitcord in Orange
- 2x Utensilo mittel (innen)

Breitcord in Dunkelblau
- 2x Utensilo klein (außen)

Breitcord in Altrosa
- 2x Utensilo klein (innen)

Volumenvlies
- je 2x Utensilo groß, mittel und klein

Schnittteile

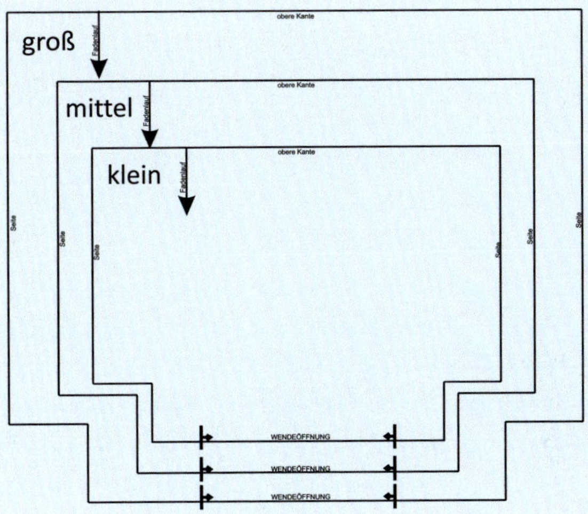

Nähen

1 **Pro Utensilo** Bügle die passenden Volumenvlies-Zuschnitte auf die linke Stoffseite der Außenteile.

2 Lege ein Innenteil rechts auf rechts auf ein Außenteil, stecke die Teile an der oberen Kante zusammen und nähe einmal füßchenbreit mit Geradstich entlang der Kante.

3 Bügle die Nahtzugaben auseinander.

4 Wiederhole die Schritte 2 und 3 mit dem zweiten Innenteil und Außenteil. Falte die Lagen auf. Lege beide Hälften rechts auf rechts und nähe die seitlichen Kanten zusammen.

5 Stecke und nähe jeweils die unteren Kanten zusammen und lasse beim Innenteil mittig die Wendeöffnung.

6 Für die Bodentiefe ziehe zuerst an einer Seite die Eck-Ausschnitte auseinander und lege sie dann rechts auf rechts so, dass die Seitennaht und die Naht der untere Kante

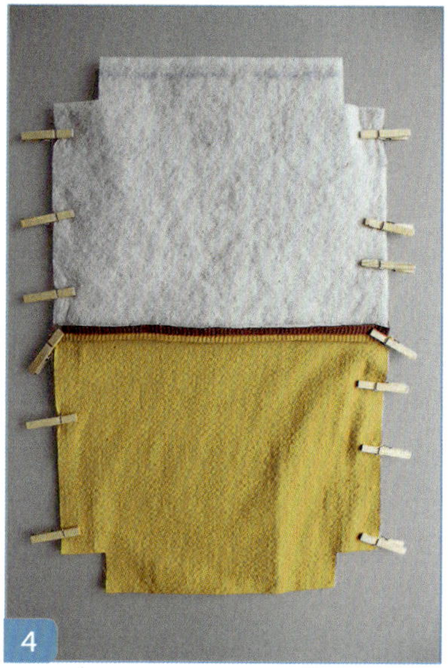

rechts auf rechts liegen. Schließe die offene Kante. Verfahre an der zweiten Ecke ebenso.

7 Wende das Utensilo von links auf rechts.

8 Lege die Nahtzugaben der Wendeöffnung nach innen und stecke die Bruchkanten zusammen. Schließe die Öffnung von Hand oder knappkantig mit der Nähmaschine.

9 Stülpe den Innenbeutel links auf links in den Außenbeutel, forme alles schön aus und klappe die obere Kante etwa 5 cm nach außen um.

7

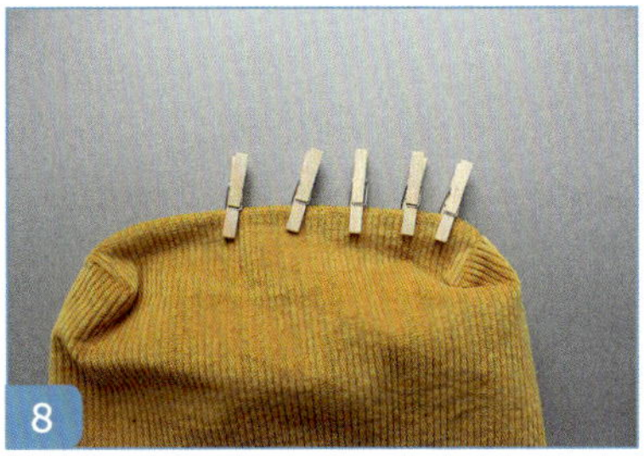

8

9

STRAMPELSACK

Größe: 37 x 46,5 cm (Breite x Höhe, mit Bündchen) • **Schnittteile:** Bogen A

Der Strampelsack ist zum Einkuscheln und Wohlfühlen gedacht. Für die Innenseite wurde ein gemütlicher Kuschelstoff gewählt, sodass sich der kleine Erdenbürger ganz geborgen und wohl umhüllt fühlt. Der Strampelsack kann gewendet werden, sodass beide Seiten zum Einsatz kommen können.

Material

- Musselin in Beere, 85 x 45 cm
- Sweat-Jersey in Blau, angeraut, 85 x 45 cm
- Bündchen in Beere, 40 x 22 cm

Zuschneiden

Musselin in Beere

- 2x Beutel

Sweat-Jersey in Blau

- 2x Beutel

Bündchen in Beere

- 1x Bündchen

Schnittteile

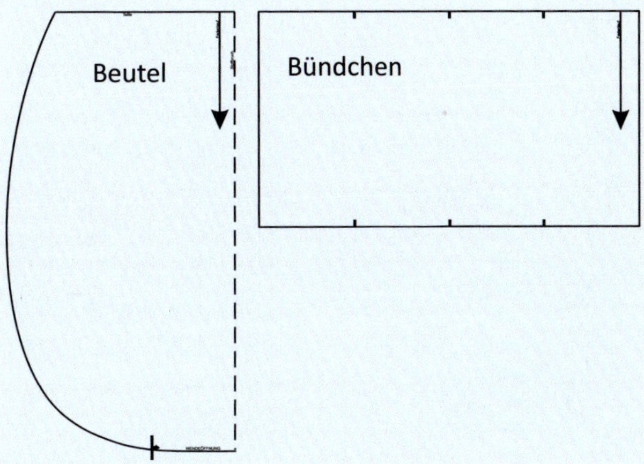

Nähen

1 Beginne mit dem Außenteil des Strampelsacks. Lege die beiden Beutel in Beere rechts auf rechts. Stecke entlang der Rundung alles gut fest und nähe hier füßchenbreit mit Geradstich.

2 Versäubere die Nahtzugabe mit Zickzackstichen und wende den Strampelsack durch die offene Seite von links auf rechts. Bügle den Strampelsack schön in Form.

3 Wiederhole für das Innenteil die Schritte 1–3 mit den Beutelteilen aus Sweat-Jersey, lasse hier allerdings die Wendeöffnung frei. Wende das Innenteil von links auf rechts.

4 Klappe das Bündchen einmal in der Mitte links auf links und bügle die Bruchkante leicht ein. Unterteile das Bündchen mit kleinen Markierungen in vier gleichgroße Abschnitte.

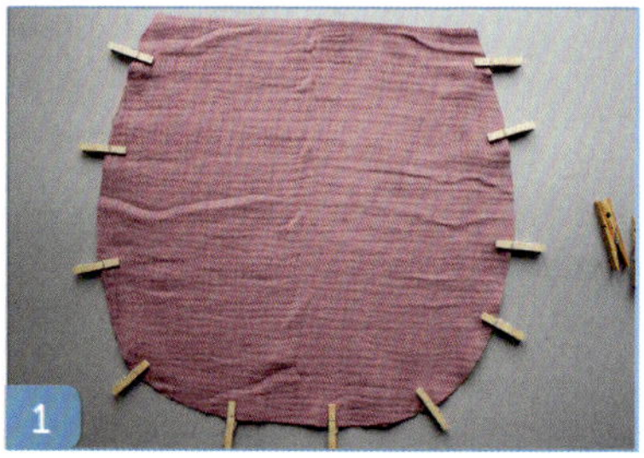
1

2

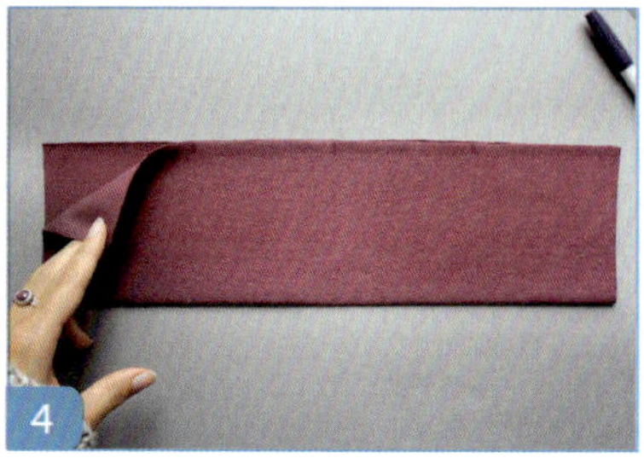
4

5

5 Falte das Bündchen auf und lege es dann an den kurzen Kanten rechts auf rechts zusammen. Stecke die Kanten und nähe füßchenbreit ab.

6 Klappe den entstandenen Bündchen-Ring dann einmal bis zur Bügelfalte ein (der Stoff liegt dabei wieder links auf links) und stecke die langen Kanten des Rings an den zuvor markierten Stellen sowie an der Naht zusammen.

7 Wende den Außenbeutel noch einmal auf links. Der Innenbeutel bleibt auf rechts. Stecke den Innenbeutel in den Außenbeutel. Positioniere die Nähte treffend aufeinander.

8 Markiere an den beiden Beuteln jeweils die Mitte der Taillenkante.

9 Schiebe nun das Bündchen an der Taillenkante zwischen beide Beutelteile ein – lege hierbei die Bündchennaht an eine Seitennaht– und stecke es an allen vier Punkten fest (Naht, Mitte, Naht, Mitte).

6

7

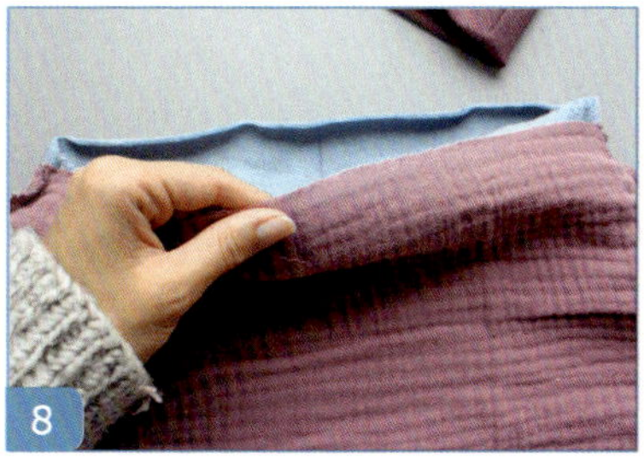

8

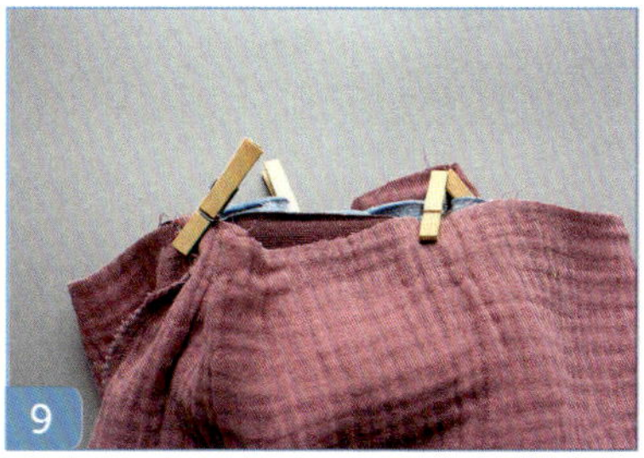

9

10a

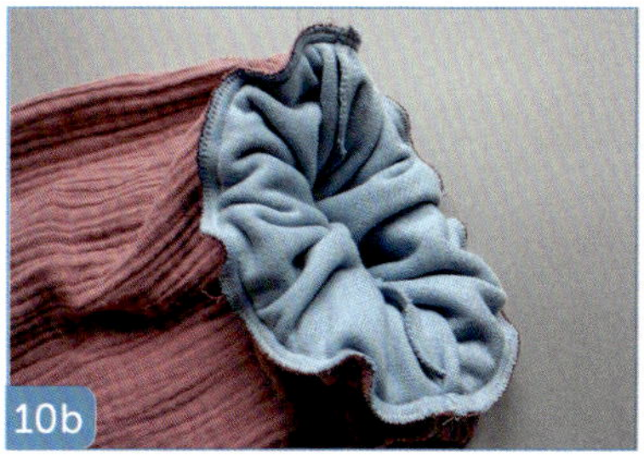

10b

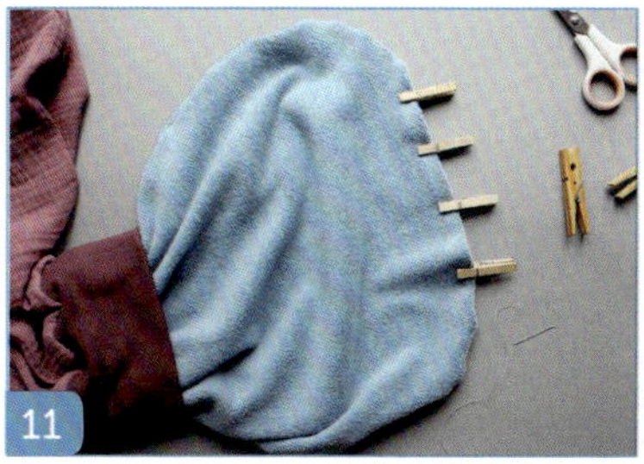

11

12

10 Nähe die Lagen zusammen. Ziehe dabei zwischen den Markierungen die Lagen so weit glatt, dass sich das Bündchen auf die benötigte Länge dehnt und nähe dann in gedehntem Zustand. (Falls dir das zu kniffelig erscheint, ist es sehr hilfreich, vorab zuerst einmal die Lagen locker per Hand zusammenzuheften, damit unter dem Nähfüßchen nichts verrutscht.) Versäubere die Nahtzugaben mit Zickzackstichen.

11 Wende den Strampelsack von links auf rechts. Lege die Nahtzugaben der Wendeöffnung nach innen und stecke die Bruchkanten zusammen. Schließe die Wendeöffnung per Hand mit der Zaubernaht (siehe Seite 11).

12 Stülpe den Innenbeutel links auf links in den Außenbeutel. Der Strampelsack kann beidseitig zum Einsatz kommen, da er zwei schöne Seiten hat und keine Bündchennaht zu sehen ist.

FUCHS-CLIP

Größe: 8 x 7,5 cm (Breite x Höhe, ohne Clip) • **Schnittteile:** Bogen A

Dieser niedliche Fuchs-Clip kann wunderbar in Greifweite des Kindes befestigt werden und deinen kleinen Lieblingsmenschen zum Erkunden einladen. Optional kann Knisterfolie eingearbeitet werden, sodass der Fuchs beim Fühlen knistert.

Material

- Cord in Rot mit weißen Punkten, 30 x 12 cm
- Cord in Braun, 20 x 6 cm
- Leinen in Weiß, 15 x 10 cm
- Baumwolle in Rot-Bunt gestreift, 12 x 8 cm
- (optional) Knisterfolie, 20 x 10 cm
- Clip aus Holz (in Natur oder Beere), 35 mm Ø
- dickes Nähgarn in Schwarz

Zuschneiden

Cord in Rot mit weißen Punkten

- 2x Kopf
- 2x Ohr (außen)

Cord in Braun

- 2x Ohr (innen)
- 1x Nase

Leinen in Weiß

- 1x Schnäuzer
- 1x Schnäuzer, seitengespiegelt

Baumwolle in Rot-Bunt gestreift

- 1x 10,5 x 6 cm (Clip-Band)

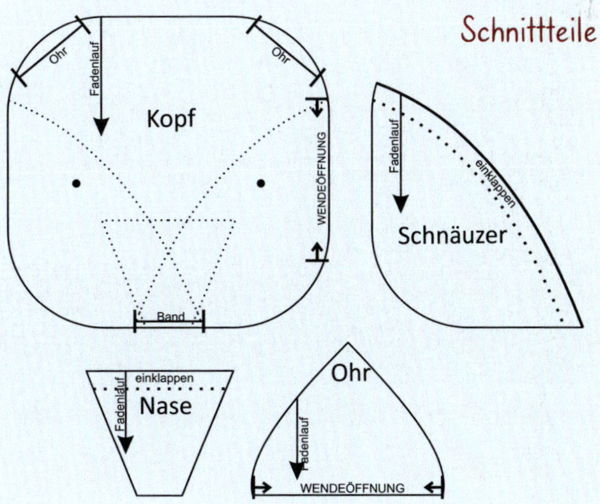

Nähen

1 Beginne mit der Vorderseite. Falte an der Nase die obere Kante 5 mm breit nach links um und bügle die Bruchkante. Positioniere die Nase passend auf einem Kopfteil und nähe die umgebügelte Kante knappkantig fest.

2 Falte an den Schnäuzerteilen die markierte Kante 5 mm breit nach links um und bügle die Bruchkante.

3 Lege einen Schnäuzer auf die Vorderseite, stecke ihn fest und nähe die umgebügelte Kante knappkantig fest. Verfahre so auch mit dem anderen Schnäuzer.

4 Zeichne mit einem wasserlöslichen Stift die Augen auf und nähe diese per Hand mit Nähgarn in Schwarz mit einem kleinen Stich auf.

5 Lege je ein Ohr in Rot mit weißen Punkten und eines in Braun rechts auf rechts und stecke sie zusammen.

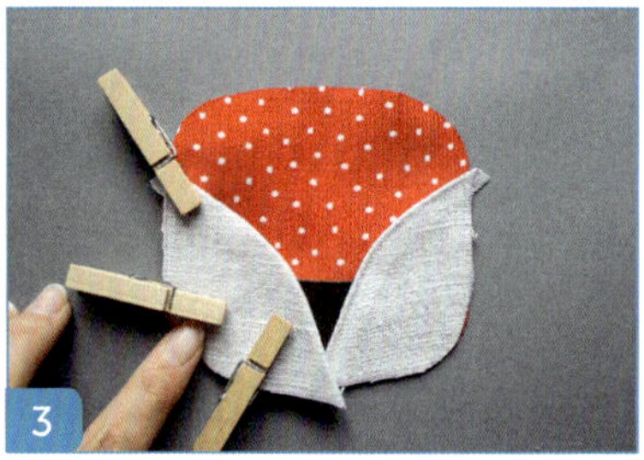

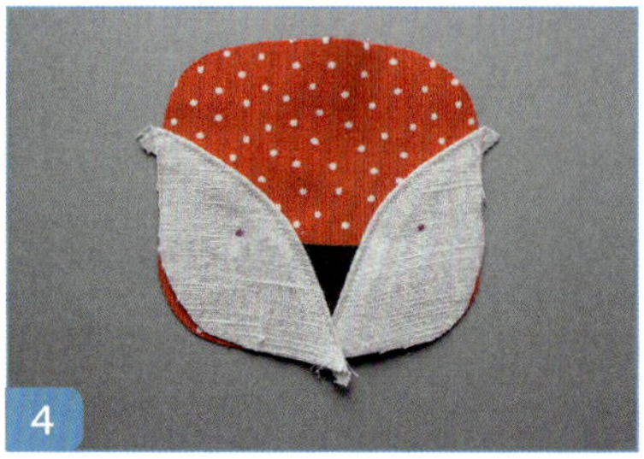

6 Nähe die gerundeten Kanten, lasse die untere Kante als Wendeöffnung offen. Beschneide die Nahtzugabe (siehe Seite 10), versäubere dann die Kanten mit Zickzackstich.

7 Wende die Ohren und forme sie schön aus. Falte die seitlichen Ohrkanten zur Mitte hin übereinander.

8 Lege die Ohren laut Schnittposition mit der eingefalteten Ohr-Seite auf die rechte Seite des Kopfteils und lasse sie an der Schnittkante etwa 0,5 cm überstehen – so ist sichergestellt, dass die Ohren fest in der Naht sitzen und später bei Belastung, zum Beispiel durch Ziehen am Ohr, nicht ausreißen. Nähe die Ohren auf der Nahtlinie fest. Nähe zur Sicherheit zweimal darüber.

7

8

9

9 Weiter geht es mit dem Band für den Clip. Falte den Streifen einmal in der Längsmitte zur Hälfte und bügle die Bruchkante. Falte den Streifen auf, lege die langen Kanten jeweils links auf links bis zur gebügelten Bruchkante und bügle auch hier wieder die Bruchkanten.

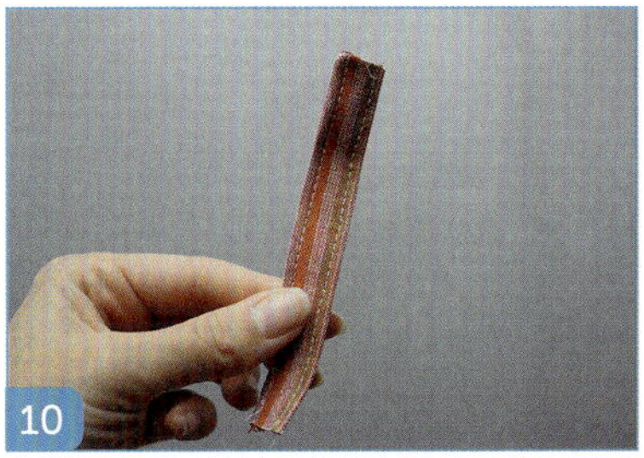
10

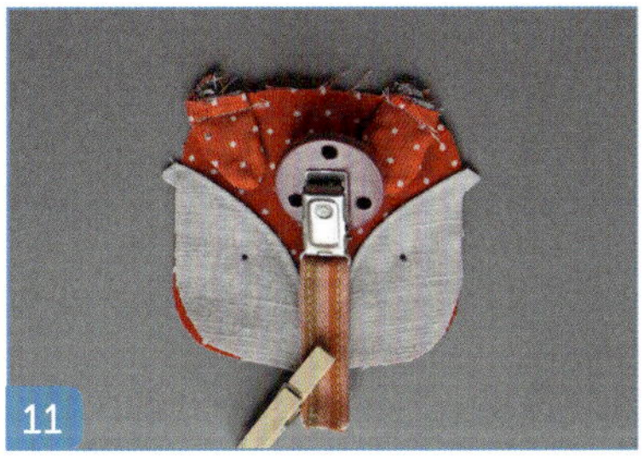
11

10 Falte den Streifen dann noch einmal längs zur Hälfte und nähe rechts und links knappkantig mit Geradstich entlang der Stoffkanten.

11 Fädle das Band an den Clip und lege es zur Hälfte. Positioniere das Band mittig bei der Nase und stecke es gut fest. Lasse dabei 1,5 cm Band an der Außenkante überstehen. Nähe das Band knappkantig fest und nähe zweimal darüber.

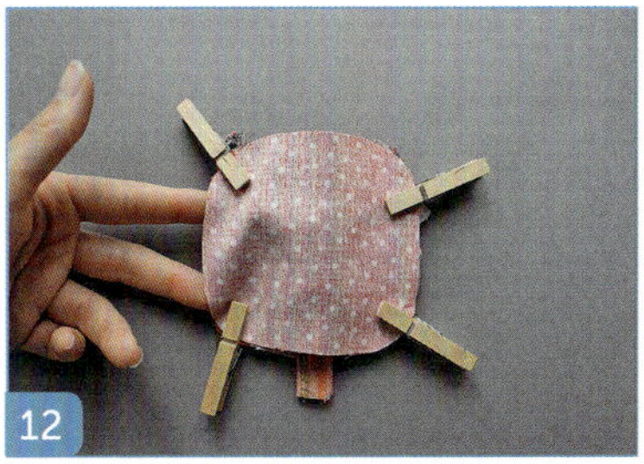
12

13

12 Lege das zweite Kopf-Teil rechts auf rechts auf und lege ggf. jetzt die doppelt gefaltete Knisterfolie noch obenauf. Nähe mit Geradstich füßchenbreit einmal ringsherum, spare dabei die Wendeöffnung aus. Beachte: Sollte dein Clip ein anderes Maß haben, so passe deine Wendeöffnung entsprechend an. Versäubere die Nahtzugabe mit Zickzackstich.

13 Wende den Fuchskopf von links auf rechts. Falte die Nahtzugaben der Wendeöffnung nach innen und stecke die Bruchkanten gut fest. Steppe die Außenkante einmal knappkantig ringsherum ab und schließe dabei die Wendeöffnung direkt mit.

BABYDECKE

Größe: 73 x 88 cm (Breite x Höhe)

Die Babydecke aus weichem Musselin kann im Bettchen zum Einsatz kommen oder umhüllt unterwegs einen kleinen Neuankömmling, und schenkt ihm Wärme und Geborgenheit.

Material

- Musselin in Curry, 150 x 95 cm

Zuschneiden

Musselin

- 2x 75 x 90 cm

Nähen

1 Lege die beiden Stoffteile rechts auf rechts.

2 Stecke alles gut fest und nähe einmal füßchenbreit ringsherum. Lasse dabei eine Wendeöffnung von 12 cm an einer der Seiten.

3 Schneide die Ecken ab und versäubere die Nahtzugabe mit Zickzackstichen. Dabei spare die Wendeöffnung aus.

4 Wende den Stoff. Greife dafür durch die Wendeöffnung und stülpe die Stoffteile auf rechts.

5 Forme die Ecken sauber aus und bügle die Decke gut in Form. Lege dabei die Nahtzugaben der Wendeöffnung bündig nach innen und bügle über die Bruchkanten.

6 Stecke die Wendeöffnung und ebenfalls die Deckenaußenkanten fest, damit beim Nähen nichts verrutscht.

7 Steppe knappkantig einmal rundum. Dabei wird gleichzeitig die Wendeöffnung geschlossen.

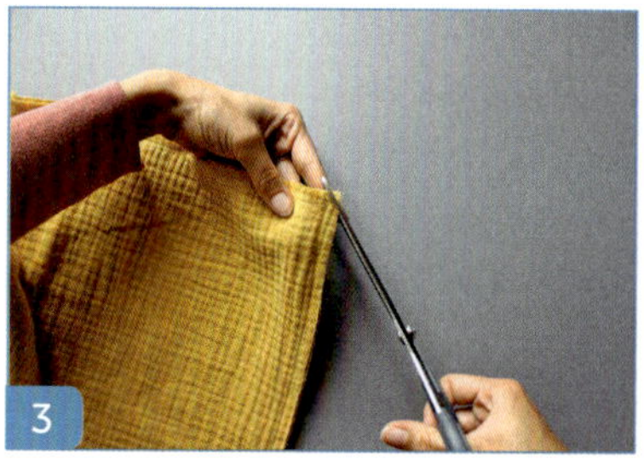

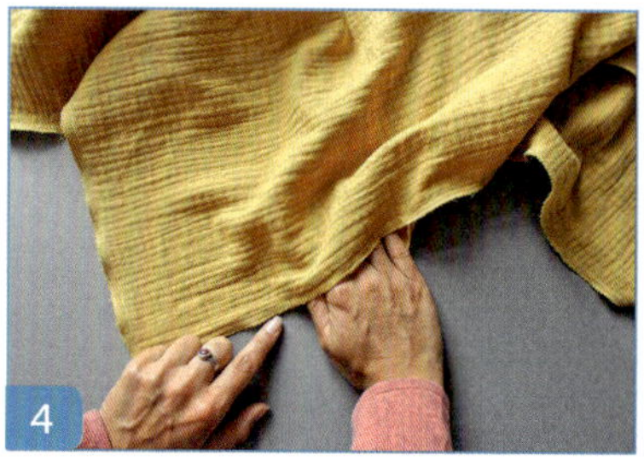

BARTENWAL

Größe: 149 cm lang, 30 cm Umfang • **Schnittteile:** Bogen B

Dieser friedliche Bartenwal kann wunderbar als „Stoßschutz" fürs Köpfchen im Bettchen und Baby-Körbchen genutzt werden. Auch beim Wickeltisch kann er sehr gut als schützende Umrandung zum Einsatz kommen.

Material

- Baumwolle in Blau-Weiß gestreift, 150 x 70 cm
- Baumwolle in Blaugrün, 50 x 30 cm
- Breitcord in Petrol, 55 x 35 cm
- Baumwollfleece in Blau, 55 x 20 cm
- Bastelwatte, 500 g, geprüft nach DIN EN 71-3
- dickes Nähgarn in Schwarz

Zuschneiden

Baumwolle in Blau-Weiß gestreift

- 4x Körper
- 1x Schwanz
- 2x Schwanzflosse

Baumwolle in Blaugrün

- 2x Flosse
- 2x Schwanzflosse

Breitcord in Petrol

- 1x Kopf
- 2x Flosse

Baumwollfleece in Blau

- 1x Maul
- 1x Maul, seitengespiegelt

Schnittteile

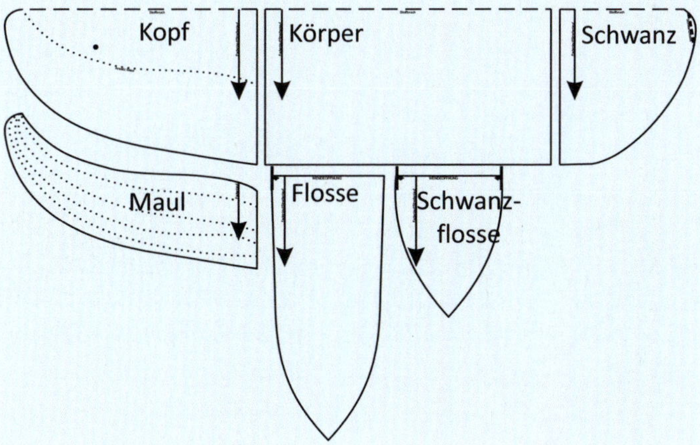

Nähen

1 Beginne mit dem Maul und zeichne die Barten mit einem wasserlöslichen Stift auf. Stecke das Maul mit der oberen Kante bündig auf das Kopfteil.

2 Nähe die obere Kante des Mauls knappkantig fest und nähe dann die vorgezeichneten Barten mit Geradstich mit der Nähmaschine nach. Verfahre so auch mit dem anderen Maul-Teil.

3 Nähe per Hand die Augen mit kleinen Spannstichen in Schwarz auf.

4 Lege je eine Flosse aus Breitcord und eine aus Baumwollstoff rechts auf rechts und stecke sie zusammen. Nähe die gerundeten Kanten, lasse die gerade Kante als Wendeöffnung offen.

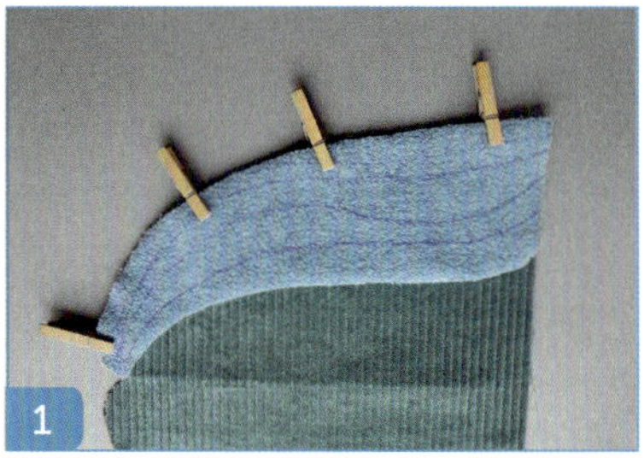

1

4

2

5

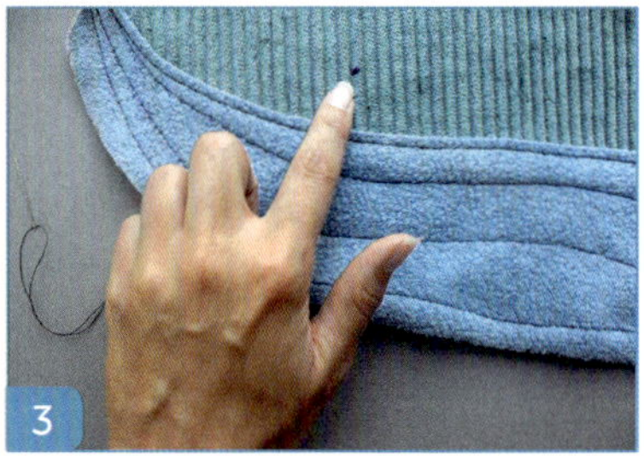

3

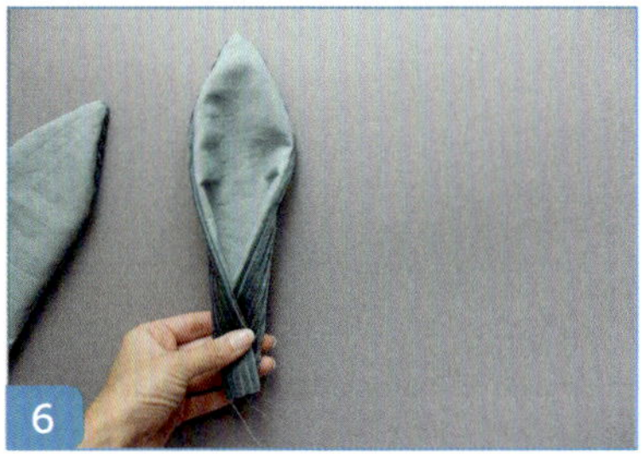

6

5 Beschneide die Nahtzugabe (siehe Seite 10), wende die Flossen und forme die Spitzen schön aus.

6 Falte die seitlichen Flossenkanten zur Mitte hin.

7 Lege die Flossen mit der eingefalteten Seite auf die rechte Seite des Kopfteils und lasse sie an der Schnittkante etwa 2 cm überstehen.

8 Nähe die Flossen auf der Nahtlinie fest. Nähe zur Sicherheit zweimal darüber.

9 Lege ein Körperteil rechts auf rechts auf die Lagen und stecke es gut fest. Nähe die Teile zusammen.

10 Nähe die weiteren Körperteile, sowie den Schwanz ebenso an. Bügle die Nahtzugabe jeweils auseinander.

7

8

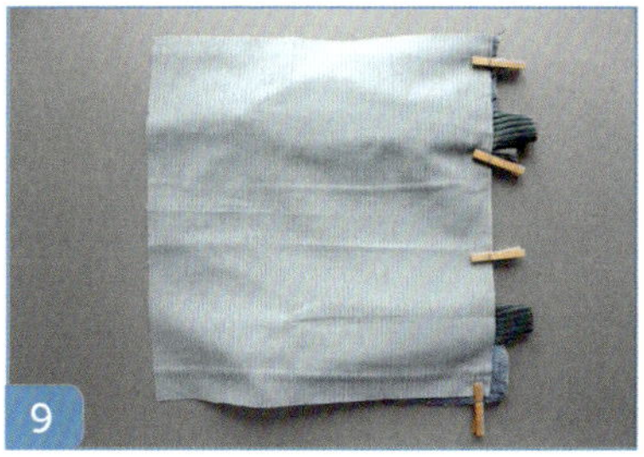
9

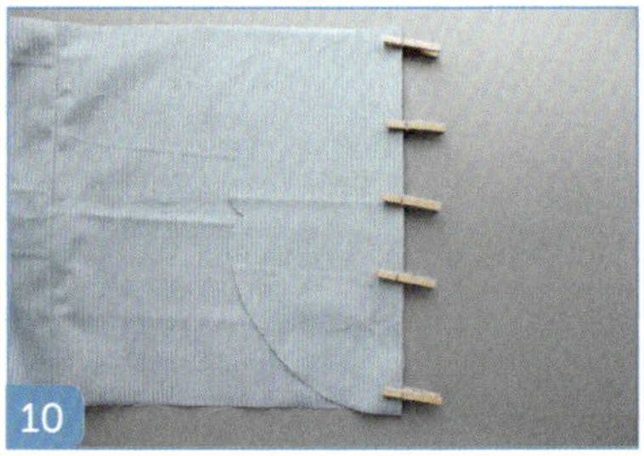
10

11

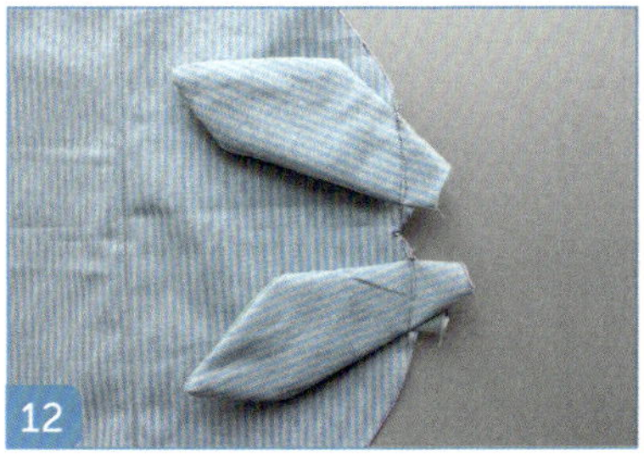
12

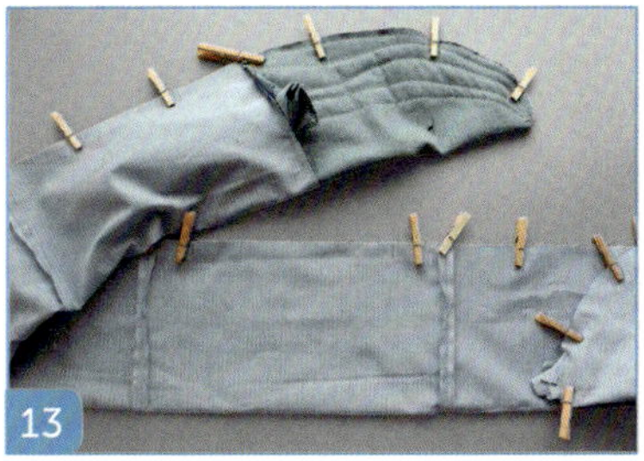
13

14

15

11 Nähe die Schwanzflossen mit den entsprechenden Teilen, wie zuvor bei den Flossen beschrieben, und falte sie ein.

12 Lege die Flossen mit der eingefalteten Seite auf die rechte Seite des Schwanzes und lasse sie an der Schnittkante etwa 2 cm überstehen. Nähe die Schwanzflossen mit doppelter Naht fest.

13 Falte den Wal entlang der Längsmitte, lege die Kanten rechts auf rechts, stecke alles gut fest und nähe mit 1 cm Nahtzugabe mit Geradstich, lasse mittig eine Wendeöffnung von 24 cm Breite.

14 Greife durch die Wendeöffnung und wende den Wal von links auf rechts. Forme alles gut aus.

15 Fülle den Wal mit Watte. Schließe dann die Wendeöffnung zuerst per Hand und steppe danach nochmals mit der Nähmaschine knappkantig entlang der Wendeöffnung mit Geradstich.

MAUS

Größe: 14 x 23 cm (Breite x Höhe) • **Schnittteile:** Bogen A

Das Kuschel-Mäuschen lädt zum Fühlen und Erkunden ein. Im Bäuchlein ist Knisterfolie versteckt, die beim Drücken interessante Raschelgeräusche macht und die Neugierde beim kleinen Neuankömmling weckt.

Material

- Cord in Taubenblau, 30 x 30 cm
- Musselin in Salbei, 45 x 8 cm
- Baumwolle in Rot mit bunten Streifen, 5 x 6 cm
- Cord in Rot mit Punkten, 18 x 25 cm
- Sweat in Graubraun, 20 x 10 cm
- Kordel in Salbei, 4 mm Ø, 12 cm
- Knisterfolie, 20 x 10 cm
- Bastelwatte, 50 g, geprüft nach DIN EN 71-3
- dickes Nähgarn in Schwarz

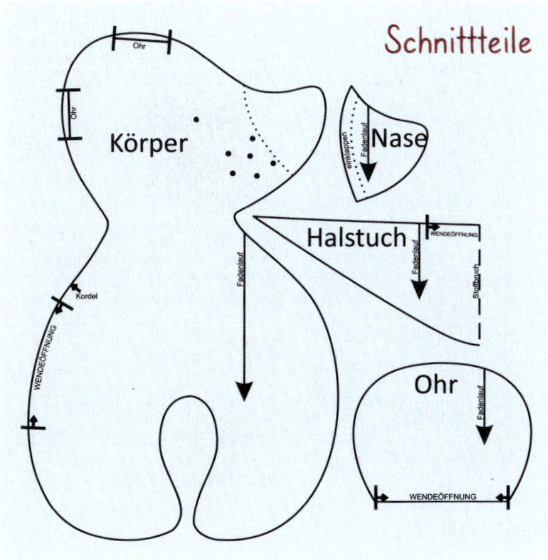

Zuschneiden

Cord in Taubenblau

- 1x Körper
- 2x Ohr

Musselin in Salbei

- 2x Halstuch

Baumwolle in Rot mit bunten Streifen

- 1x Nase

Cord in Rot mit Punkten

- 1x Körper, seitengespiegelt

Sweat in Graubraun

- 2x Ohr

Nähen

1 Beginne mit der Vorderseite. Falte an der Nase die gerade Kante 5 mm breit nach links um und bügle die Bruchkante. Positioniere die Nase passend auf dem Mausteil und nähe die umgebügelte Kante knappkantig fest.

2 Zeichne ein Auge und kleine Punkte als Andeutung der Schnurrhaare auf und nähe diese mit Nähgarn in Schwarz per Hand auf.

3 Lege je ein Ohr in Taubenblau und eines in Graubraun rechts auf rechts und stecke sie zusammen. Nähe die gerundeten Kanten, lasse die untere Kante als Wendeöffnung offen.

4 Beschneide die Nahtzugabe (siehe Seite 10), wende die Ohren und forme sie schön aus.

5 Falte die seitlichen Ohrkanten zur Mitte hin.

6 Lege die Ohren mit der eingefalteten Ohr-Seite auf die rechte Seite des Maus-

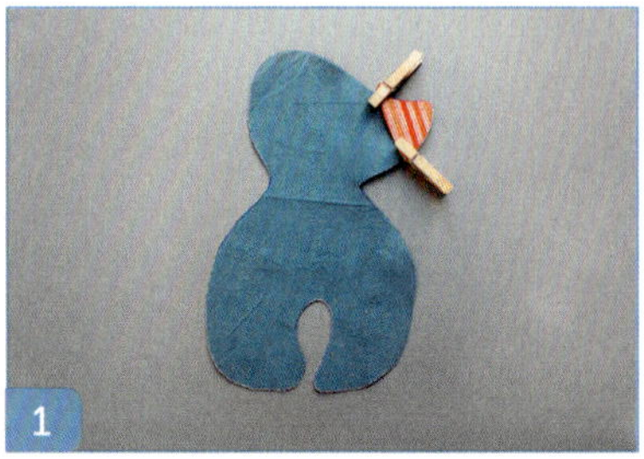

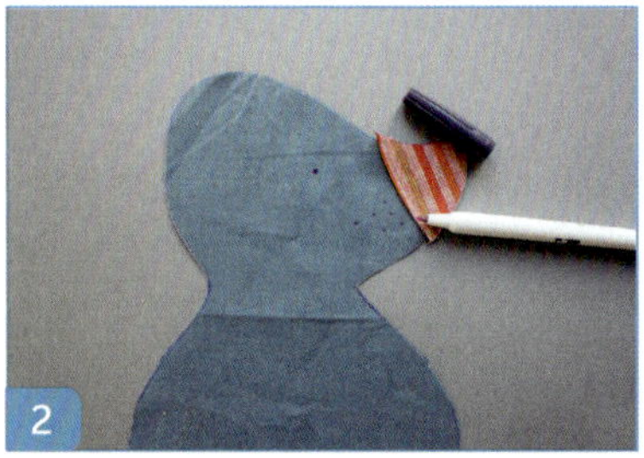

teils und lasse sie an der Schnittkante etwa 0,5 cm überstehen. Nähe die Ohren auf der Nahtlinie fest.

7 Lege einen Knoten in ein Kordelende, lege diese, mit dem Knoten nach innen zeigend, auf und lass dabei 3 cm nach außen überstehen. Nähe die Kordel einmal knappkantig fest.

8 Lege das zweite Mausteil rechts auf rechts auf.

Stecke alles gut fest und nähe mit Geradstich entlang der Außenkante, lasse dabei die Wendeöffnung frei.

9 Beschneide die Nahtzugabe (siehe Seite 10).

10 Wende die Maus von links auf rechts. Nimm zum Ausformen der Rundungen optional einen Stift oder einen Pinselstiel zu Hilfe.

7

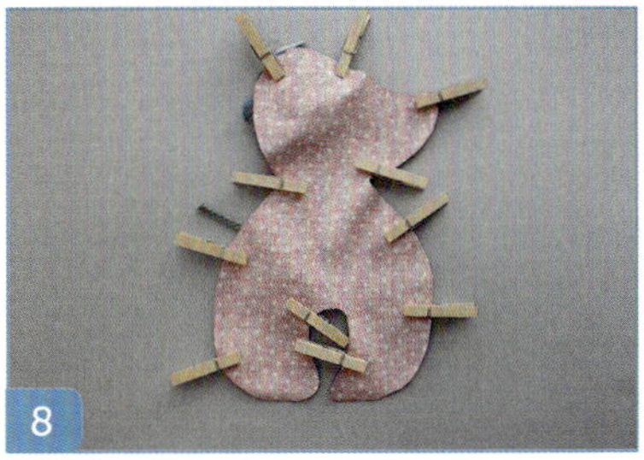
8

9

10

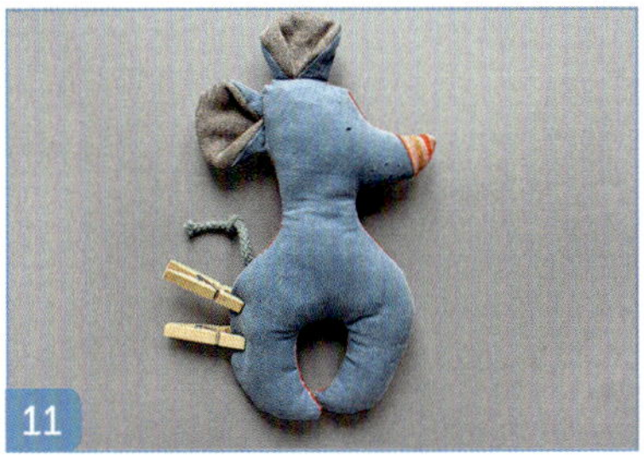
11

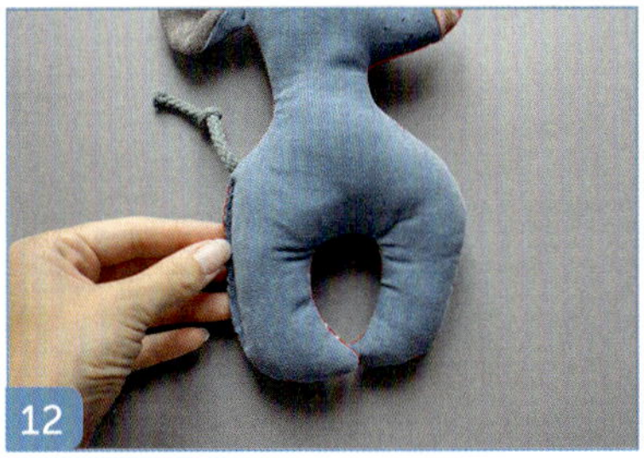
12

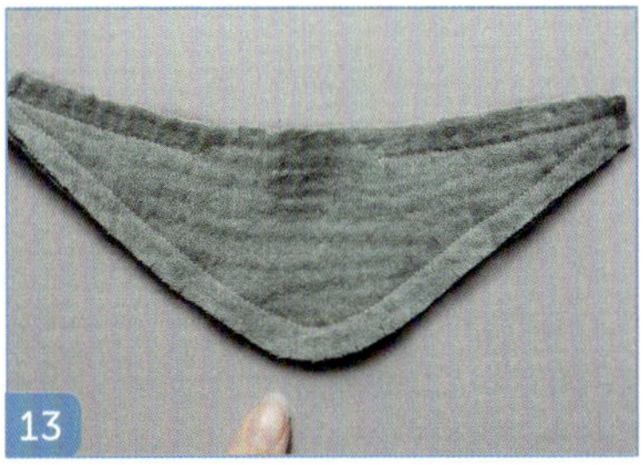
13

14

15

11 Fülle die Maus mit der Bastelwatte. Lege in der Bauchmitte auch die Knisterfolie ein. Achte darauf, dass die Folie glatt liegt und polstere sie mit Bastelwatte ab.

12 Lege die Nahtzugaben der Wendeöffnung nach innen und schließe die Öffnung per Hand. Steppe danach nochmals mit der Nähmaschine knappkantig entlang der Wendeöffnung mit Geradstich.

13 Lege die Halstuchteile rechts auf rechts, stecke diese fest und nähe mit Geradstich füßchenbreit entlang der Außenkante, lasse die Wendeöffnung frei. Beschneide die Nahtzugabe.

14 Wende das Halstuch von links auf rechts. Forme die Ecken schön aus und bügle das Tuch in Form. Lege die Nahtzugaben der Wendeöffnung nach innen und stecke die Bruchkanten zusammen. Steppe die Außenkanten ringsherum knappkantig ab. Dabei wird die Wendeöffnung gleichzeitig geschlossen.

15 Lege das Halstuch um den Hals des Mäuschens und nähe die Enden per Hand gut fest.

GANS-SPIELUHR

Größe: 23 x 30 cm, inkl. Füße (Breite x Höhe) • **Schnittteile:** Bogen B

Das kuschelweiche Gänslein „Hetti" hat eine Spieluhr im Bauch versteckt und spielt wunderschöne Musik, die den kleinen Neuankömmling verzaubern und sanft in den Schlaf begleiten kann.

Material

- Plüsch aus Baumwolle in Gelb, 65 x 35 cm
- Baumwolle mit Blümchen, 30 x 10 cm
- Sweat-Cord in Kupfer, 40 x 12 cm
- Baumwoll-Spitzenband in Creme, 20 cm
- Musikwerk, handwaschbar
- Bastelwatte, 70 g, geprüft nach DIN EN 71-3
- dickes Nähgarn in Schwarz

Zuschneiden

Plüsch aus Baumwolle in Gelb

- 1x Körper
- 1x Körper, seitengespiegelt
- 1x Flügel
- 1x Flügel, seitengespiegelt

Baumwolle mit Blümchen

- 1x Flügel
- 1x Flügel, seitengespiegelt

Sweat-Cord in Kupfer

- 1x Schnabel
- 1x Schnabel, seitengespiegelt
- 2x Fuß
- 2x Fuß, seitengespiegelt

Schnittteile

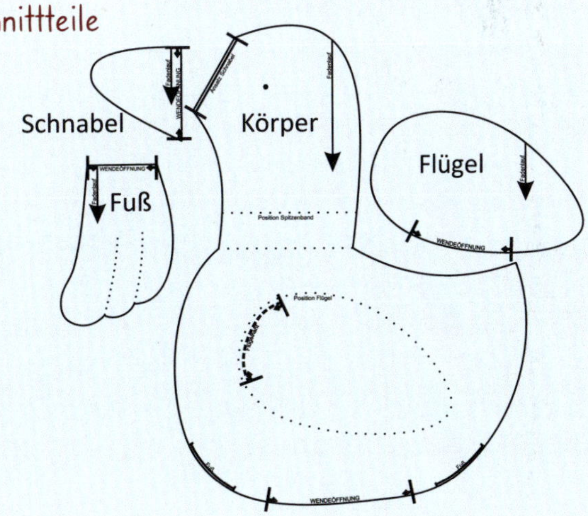

Nähen

1 Beginne mit der Vorderseite der Gans. Lege den Schnabel an der vorgesehenen Kante rechts auf rechts auf das Körperteil, stecke ihn gut fest und nähe ihn knappkantig mit Geradstich fest.

2 Falte die Teile auf, bügle die Nahzugaben in den Körper und steppe die Naht von rechts knappkantig ab. Nähe anschließend per Hand an der vorgesehenen Stelle mit Garn in Schwarz das Auge auf.

3 Lege einen Flügel aus Plüsch und einen gegengleichen Flügel aus Baumwolle rechts auf rechts, und stecke die Teile zusammen. Nähe füßchenbreit entlang der Außenkante, lasse die Wendeöffnung frei.

4 Beschneide die Nahtzugabe (siehe Seite 10) und wende den Flügel von links nach rechts. Forme den Flügel schön aus. Lege die Nahtzugabe der Wendeöffnung nach innen und stecke die Bruchkanten zusammen. Steppe die Außenkanten ringsherum knappkantig ab. Dabei wird die Wendeöffnung gleichzeitig geschlossen.

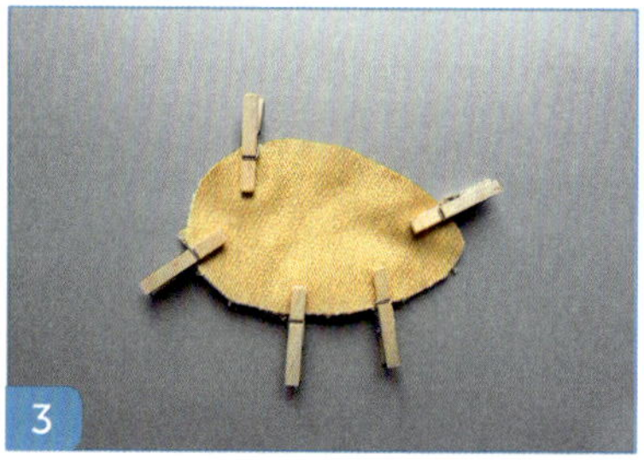

5 Nähe den Flügel an den Körper. Nähe dabei aber nur ein Stück der vorderen Rundung fest. Steppe genau in der knappkantigen Naht des Flügels, zur Sicherheit zweimal. So bleibt der Flügel beweglich.

6 Schneide 10 cm Spitzenband ab und nähe es mit Geradstich auf den Körper.

7 Für die Rückseite wiederhole die Schritte 1–6 mit den seitengespiegelten Teilen.

8 Lege je zwei Fußteile paarweise rechts auf rechts, stecke die Teile zusammen. Nähe füßchenbreit entlang der Außenkante, lasse die Wendeöffnung frei. Beschneide die Nahtzugabe, wende den Fuß und forme ihn schön aus. Zeichne die „Krallen" vor und nähe diese mit Geradstichen nach.

7

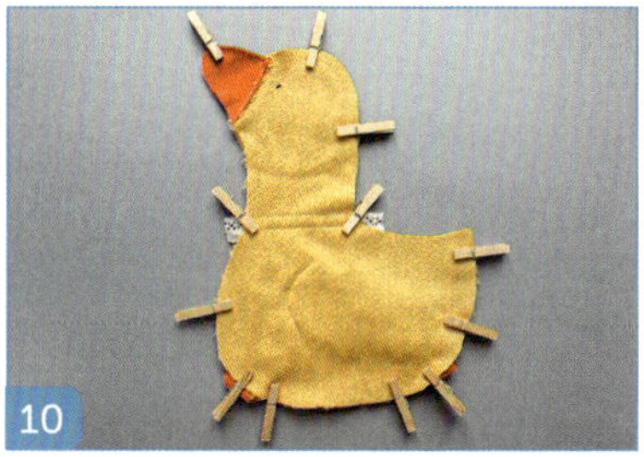
10

13

8

11

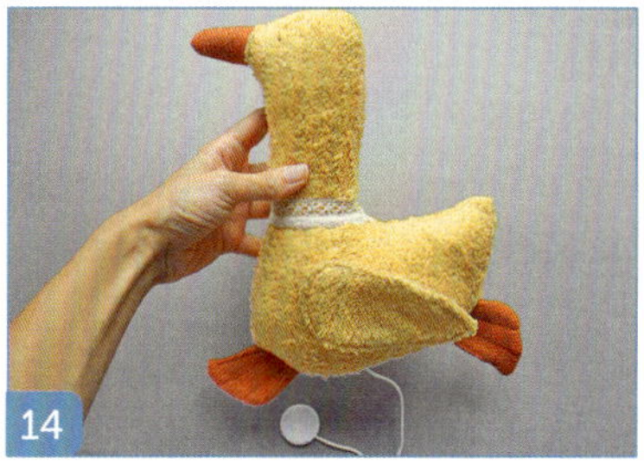
14

9

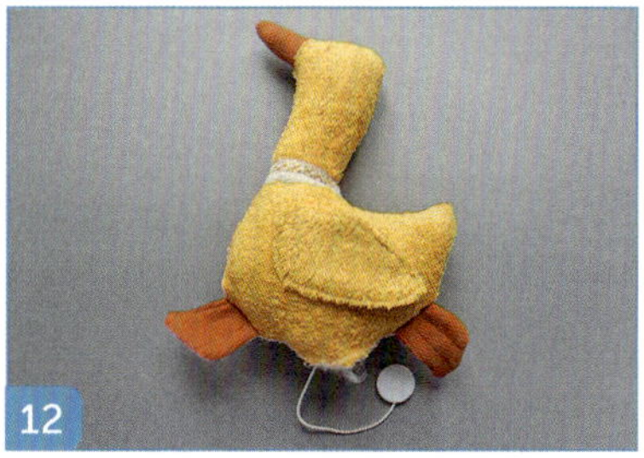
12

9 Positioniere die Füße an den vorgesehenen Stellen auf der Gans-Vorderseite, lasse sie dabei an der Schnittkante 1 cm überstehen.

10 Lege die Gans-Rückseite rechts auf rechts auf. Stecke alles gut fest und nähe entlang der Außenkante, lasse dabei die Wendeöffnung frei. Beachte hier, dass die Wendeöffnung so groß sein muss, dass die Spieluhr hindurch passt. Versäubere die Nahtzugabe mit Zickzackstichen.

11 Wende die Gans von links auf rechts. Nimm zum Ausformen der Rundungen optional einen Stift oder einen Pinselstiel zur Hilfe.

12 Fülle die Gans nach und nach mit Bastelwatte. Auch hier kann ein Stift oder Pinselstiel zu Hilfe genommen werden, um die Watte schön in alle Rundungen zu bekommen. Lege in der Bauchmitte auch das Musikwerk ein – das Zugseil schaut an der Wendeöffnung heraus.

13 Wenn die Gans gut gefüllt ist, schließe die Wendeöffnung per Hand mit der Zaubernaht (siehe Seite 11). An der Stelle, wo das Spieluhrseil ist, wird ein Stück ausgespart.

14 Fertig ist deine wunderschöne Spieluhr „Hetti".

TASCHE

Größe: 37,5 x 51,5 x 18,5 cm (Breite x Höhe x Tiefe) • **Schnittteile:** Bogen A

Diese „3 in 1 – Tasche" kann variabel als Körbchen für Spielsachen, als stehende oder hängende Wäschetasche, oder als große Reisetasche verwendet werden. Wer sich nicht für eine schöne Seite entscheiden kann, wendet sie einfach!

Material

- Cord in Petrol, 125 x 85 cm
- Baumwolle in Gelb mit Punkten, 125 x 70 cm
- Baumwoll-Vlies kbA, 250 g, 125 x 70 cm

Schnittteil

Zuschneiden

Cord in Petrol

- 2x Tasche (Außenteile)
- 2x 59 x 16,5 cm (Henkel)

Baumwolle in Gelb mit Punkten

- 2x Tasche (Innenteile)

Baumwoll-Vlies

- 2x Tasche

Nähen

1 Falte einen Henkel-Streifen einmal in der Längsmitte zur Hälfte und bügle die Bruchkante. Falte den Streifen auf, lege die langen Kanten jeweils links auf links bis zur gebügelten Bruchkante und bügle auch hier wieder die Bruchkanten.

2 Falte den Streifen dann noch einmal längs zur Hälfte und nähe rechts und links knappkantig mit Geradstich entlang der Bruchkanten. Nähe den zweiten Henkel ebenso.

3 Lege für die Wattierung ein Baumwoll-Vlies auf die linke Seite eines Außenteils.

4 Drehe die Lagen herum. Zeichne mit einem selbstlöschenden Stift oder Schneiderkreide parallel zur oberen Kante waagerechte Linien mit 9 cm Abstand zueinander auf. Stecke die Lagen mit Stecknadeln (vielen!) glatt aufeinander. Steppe mit Geradstich entlang der Linien.

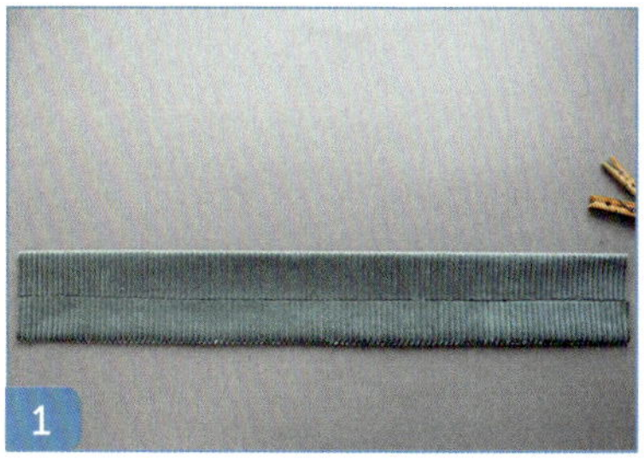

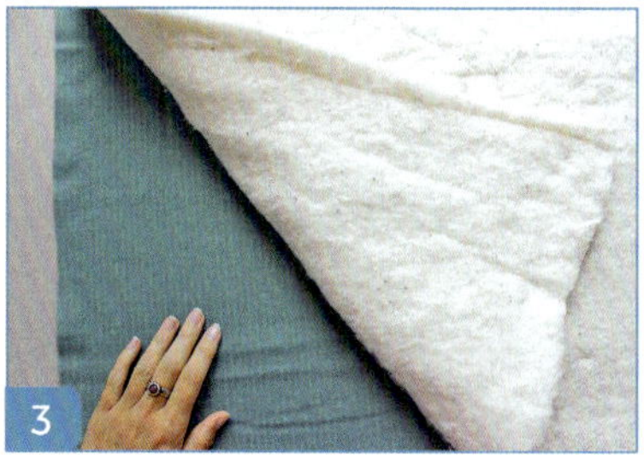

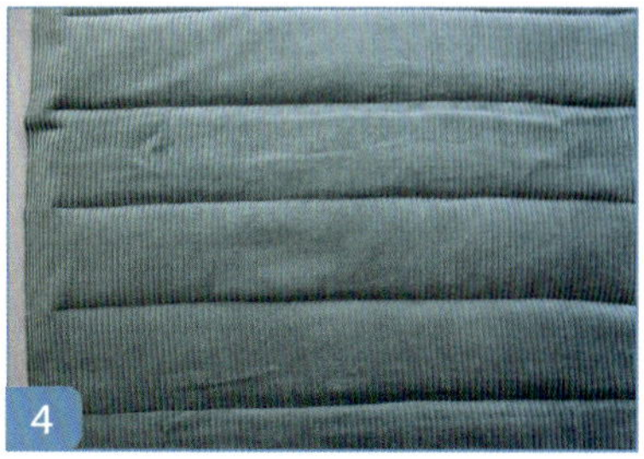

5 Markiere an der oberen Taschenkante, von den Seiten ausgehend zur Mitte, jeweils 15 cm und positioniere hier den Henkel. Lasse dabei 3 cm an der Schnittkante überstehen.

6 Hefte den Henkel innerhalb der Nahtzugabe knappkantig fest. Lege dann ein Innenteil rechts auf rechts auf und nähe mit Geradstich entlang der oberen Kante.

7 Wiederhole die Schritte 3–6 mit den verbliebenen Taschenteilen.

8 Falte nun beide Taschenhälften auf, und lege sie so rechts auf rechts, dass Außenteil auf Außenteil und Innenteil auf Innenteil liegt. Stecke die seitlichen Kanten zusammen – die Nähte der oberen Kanten sollten exakt aufeinandertreffen – und nähe sie mit Geradstich zusammen.

9 Stecke und nähe jeweils bei den Außenteilen sowie den Innenteilen die unteren Kanten zusammen, lasse beim Innenteil mittig die Wendeöffnung.

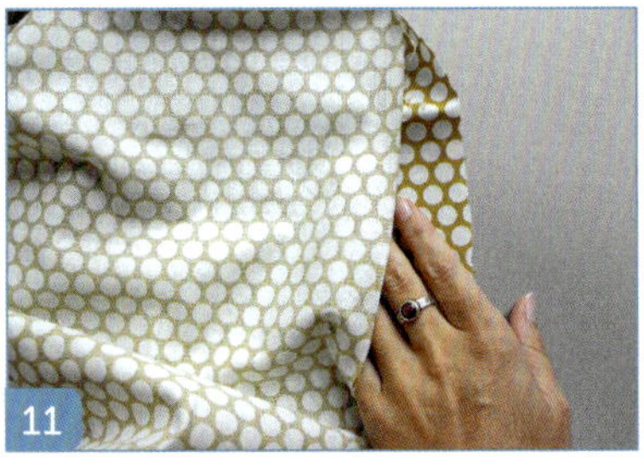

10 Für die Bodentiefe ziehe zuerst an einer Seite die Eck-Ausschnitte auseinander und lege sie dann rechts auf rechts, sodass die Seitennaht und die Naht der unteren Kante aufeinandertreffen. Schließe die offene Kante. Verfahre mit allen anderen Ecken ebenso.

11 Greife durch die Wendeöffnung und wende die Tasche von links auf rechts.

12 Lege die Nahtzugaben der Wendeöffnung nach innen und stecke die Bruchkanten zusammen. Schließe die Öffnung von Hand (siehe Seite 11) oder knappkantig mit der Nähmaschine.

13 Stülpe die Innentasche links auf links in die Außentasche. Um Taschenrand und Henkel zu stabilisieren, steppe die obere Kante rundum mit Geradstich knappkantig ab. Zeichne außerdem an jedem Henkelansatz ein X vor und nähe es durch alle Lagen nach.

IMPRESSUM

Fotos & Styling: Uli Glasemann / Elke Reith
Stepfotos: Katharina Nachbar
Illustrationen: © Tiana Geo/Shutterstock.com
Verantwortlich: Maria Möllenkamp
Lektorat & Projektmanagement: A. Reuß
Umschlaggestaltung: Andreas Kersten
Satz: Silke Schüler
Repro: LUDWIG:media
Herstellung: Kathleen Baumann
Printed in Slovakia by Neografia

★★★★★

Sind Sie mit diesem Titel zufrieden? Dann würden wir uns über Ihre Weiterempfehlung freuen.
Erzählen Sie es im Freundeskreis, berichten Sie Ihrem Buchhändler oder bewerten Sie bei Onlinekauf. Und wenn Sie Kritik, Korrekturen, Aktualisierungen haben, freuen wir uns über Ihre Nachricht an: Christophorus Verlag, Postfach 40 02 09, D-80702 München oder per E-Mail an lektorat@verlagshaus.de

In diesem Buch wird aus Gründen der besseren Lesbarkeit das generische Maskulinum verwendet. Weibliche und anderweitige Geschlechteridentitäten werden dabei ausdrücklich mitgemeint, soweit es für die Aussage erforderlich ist.

DANK
Vielen Dank an die Stoffsponsoren für die wunderschönen Stoffe in diesem Buch:
- joringl bei Stoff'n, www.stoffn.de
- Lillestoff, www.lillestoff.com
- Westfalenstoffe, www.westfalenstoffe.de

Die Deutsche Nationalbibliothek verzeichnet diese Publikation in der Deutschen Nationalbibliografie; detaillierte bibliografische Daten sind im Internet über http://dnb.de abrufbar.

Infanteriestraße 11a
80797 München

ISBN 978-3-8410-6704-3

Kreativ-Service

Sie haben Fragen zu den Büchern und Materialien? Frau Erika Noll ist für Sie da und berät Sie rund um alle Kreativthemen. Rufen Sie an! Wir interessieren uns auch für Ihre eigenen Ideen und Anregungen. Sie erreichen Frau Noll per E-Mail: **kreativ-service@c-verlag.de** oder Tel.: **+49 (89) - 1306 99-577.**

Besuchen Sie uns im Internet: **www.christophorus-verlag.de** und **selbstgemacht.de**